김구원 교수의
구약 꿀팁

김구원 지음

머리말

하나님은 질문하는 사람을 좋아하십니다. 왜냐하면 하나님을 더욱 잘 알아 가는 노력이 신앙생활의 본질이기 때문이지요. 또한 우리가 질문할 때 하나님이 기분 나빠하시지 않을까 두려워할 필요도 없습니다. 하나님은 그렇게 속 좁은 분이 절대로 아니기 때문입니다. 하나님은 우리가 그분께 던지는 모든 질문을 기뻐하십니다. 오히려 묻지 않는 것에 대해 섭섭하게 여기실지 모르겠네요. 하나님과 관계에서 가장 중요한 것은 정직인데요. 성경에 대해 던지는 정직한 질문은 우리와 하나님의 관계를 더욱 성숙하게 만들어 갈 것입니다.

이 책은 CBS 프로그램 〈성경꿀팁-이것이 궁금하다〉와 극동방송 프로그램 〈성경패자열전〉에서 방송했던 내용을 토대로 만들었습니다. 방송에서 다루었던 내용을 조금 다듬기도 하고 이 책을 위해 새롭게 쓴 부분도 있는데요. 구약 성경을 읽으면서 생기는 궁금하지만 뾰족한 답을 들을 수 없었던 문제들을 알기 쉽게 설명하려고 노력했습니다. 각주를 통해 일일이 언급하지 못했지만 필자는 여러 책들에 도움을 받았습니다. 예를 들어, 홍수 이전에 육식을 했을 가능성을 다룬 6장은 윤철민의 《개혁신학 vs. 창조과학-개혁신학으로 본 창조과학의 신학적 문제》(CLC, 2013)를, 고대 이스라엘 사람들의 의복을 다룬 7장은 필립 J. 킹과 로렌스 E. 스태거가 함께 쓴 《고대 이스라엘 문화》(CLC, 2014)를, 기드온의 300용사를 다룬 19장은 손석태의 《성경을 바로 알자》(CLC, 2013)를 참고해 쓴 것들입니다. 따라서 이런 주제에 대해 더 자세히 알아보기 위해서는 방금 언급한 책들을 참고하기 바랍니다.

마지막으로 이 책의 출판을 허락해 준 홍성사와 이 책의 내용에 어울리는 그림 자료를 찾아 멋지게 편집해 준 편집팀에 감사를 드립니다.

2016년 8월

김주원

차례

머리말 4

1. 구약 시대의 이방신에는 어떤 신들이 있었나요? 49
2. 홍수 이전 사람들이 900세 이상 살 수 있었던 이유는 무엇일까요? 54
3. 장자가 아닌 사람들이 축복의 상속자가 되는 경우가 많은데 그 이유는 무엇인가요? 58
4. 여자는 남자보다 열등한 존재로 창조되었나요? 62
5. 시편에는 어떤 장르의 노래들이 있나요? 66
6. 홍수 이전의 사람들은 채식주의자였다는데 정말인가요? 71
7. 고대 이스라엘 사람들의 의복은 어떠했나요? 76
8. 고대 이스라엘 사람들은 자식들의 이름을 어떻게 지었나요? 80
9. 사무엘 선지자는 자녀 교육에 실패했나요? 83
10. 선견자와 선지자는 어떻게 다른가요? 88
11. 구약 시대 사건들의 서기 연도는 어떻게 계산한 것인가요? 92
12. 다윗은 왜 자신을 저주한 시므이를 살려 두었을까요? 95
13. 고대 이스라엘에서 노인에 대한 인식은 어떠했나요? 100
14. 할례는 이스라엘의 고유한 관습인가요? 104
15. 블레셋은 어떤 민족인가요? 이들의 후손이 팔레스타인 사람들인가요? 107
16. 다윗은 어떻게 밧세바가 목욕하는 모습을 볼 수 있었을까요? 111
17. '눈에는 눈 이에는 이'가 정말 야만적인 법이었을까요? 115
18. 야곱은 어째서 첫날밤에 레아를 라헬로 착각했을까요? 119

19. 기드온의 병사 300명은 정말로 용사였을까요? 122
20. 입다의 딸은 번제물로 드려졌을까요? 126
21. 파라오는 왜 급히 요셉을 불러 꿈 해석을 시켰을까요? 130
22. 모세의 지팡이는 어떻게 뱀으로 변할 수 있었나요? 134
23. 선지자 호세아가 매춘부와 결혼했다고요? 138
24. 사마리아 여인은 왜 뜨거운 대낮에 물을 뜨러 갔을까요? 142
25. 열두 지파는 언제, 어떻게 나누어진 것일까요? 146
26. 언약궤는 왜 사라졌을까요? 151
27. 창세기 6장에 나오는 '하나님의 아들들'은 누구일까요? 155
28. 엔돌의 무당이 불러낸 사무엘의 영은 진짜 사무엘인가요? 159
29. 고대 이스라엘에서 장애인에 대한 인식은 어떠했나요? 163
30. 창세기 1장에 나오는 '궁창'은 무엇인가요? 168
31. 모세 시대의 이스라엘 백성이 피라미드를 만들었나요? 172
32. 네피림과 아낙 자손은 어떤 사람들인가요? 176
33. 여호수아 군대와 싸운 가나안 족속의 군사력은 어느 정도였을까요? 179
34. 가나안 문화에서 가장 타락한 행위는 무엇이었을까요? 183
35. 아브라함은 왜 아내 사라를 누이라고 속였나요? 187
36. 엘리 제사장이 범한 잘못은 무엇이었을까요? 191
37. 아합 왕은 왜 여호와와 바알을 동시에 섬겼나요? 195
38. 점술가 발람은 하나님의 말씀에 순종한 사람인가요? 198
39. 흑인은 저주받은 인종인가요? 202
40. 예수님께서 열 므나 비유를 드신 이유는 무엇일까요? 205

1. 구약 시대의 이방신에는 어떤 신들이 있었나요?

(왼쪽) 고대 가나안의 도시 우가릿에서 발굴된 바알 신상.
비바람의 신인 바알은 농경 사회인 가나안에서 가장 중요한 신입니다. [50p]

1

(오른쪽) 과장되게 큰 가슴을 떠받치고 있는 아세라 신상.
많은 이스라엘인이 풍요를 비는 의미로 이 신상을 집 안에 설치했습니다. [52p]

2

2. 홍수 이전 사람들이 900세 이상 살 수 있었던 이유는 무엇일까요?

왕명록이 적혀 있는 수메르의 점토판.
수메르 왕명록의 기록에 따르면 수메르 초기 왕조의 한 왕인 알랄가르는
36,000년을 살았다고 합니다. [56p]

3. 장자가 아닌 사람들이 축복의 상속자가 되는 경우가 많은데 그 이유는 무엇인가요?

고대 근동의 유산 문서. 우가릿의 왕이 유산을 나누어 줄 때 생물학적 장남이 아니라 그가 선택한 아들에게 특별한 몫을 준다는 내용이 담겨 있습니다. [60p]

4. 여자는 남자보다 열등한 존재로 창조되었나요?

미켈란젤로의 〈천지창조〉 가운데 하와의 창조 부분. [63p]

5. 시편에는 어떤 장르의 노래들이 있나요?

1880년 〈The Sunday at Home〉이란 잡지에 실린 시편 23편.
시편에서 가장 널리 알려진 장으로 감사시의 특성을 나타냅니다.
역경 가운데서 하나님께 드리는 감사와 찬양이 잘 표현되어 있습니다. [69p]

6. 홍수 이전의 사람들은 채식주의자였다는데 정말인가요?

2014년에 개봉된 할리우드 영화 〈노아〉의 한 장면.
이 영화에서 노아의 가족은 채식을 하는 것으로 묘사됩니다. [73p]

7. 고대 이스라엘 사람들의 의복은 어떠했나요?

산헤립이 주전 701년 라기스 성을 함락하고 유대인들을
아시리아 니느웨로 잡아가는 장면. 이 '라기스 부조'는 고대 이스라엘의
의복을 연구하는 데 매우 중요한 자료입니다. [77p]

이스라엘의 야브네 얌에서 발견된 고대 편지.
빚쟁이에게 겉옷을 빼앗긴 어떤 노동자가 그 지역 관료에게
민원을 넣은 사실이 기록되어 있습니다. [79p]

8. 고대 이스라엘 사람들은 자식들의 이름을 어떻게 지었나요?

히브리어로 표기된 하나님의 이름입니다.
오른쪽부터 자음만 읽으면 요드(Y), 헤(H), 바브(W), 헤(H)입니다.
우리말 성경에서 전통적으로 '여호와'로 번역하지만, 이것은 하나님의 이름에 대한
유대인 독법을 오해한 데서 유래한 오류입니다. 학자들은 하나님의 이름이
'야훼'에 가까울 것으로 추정합니다. [80p]

이스라엘 땅에는 성경 인물들의 이름이 새겨진 인장들이 많이 발견됩니다.
위의 인장은 예루살렘 성전산 남쪽 성벽 근처에서 발견된 것으로,
날개 달린 원반의 위아래로 "유다의 왕 히스기야"라는 문구가 적혀 있습니다.
히스기야는 "여호와께서 힘주시기를"이라는 의미입니다. [82p]

9. 사무엘 선지자는 자녀 교육에 실패했나요?

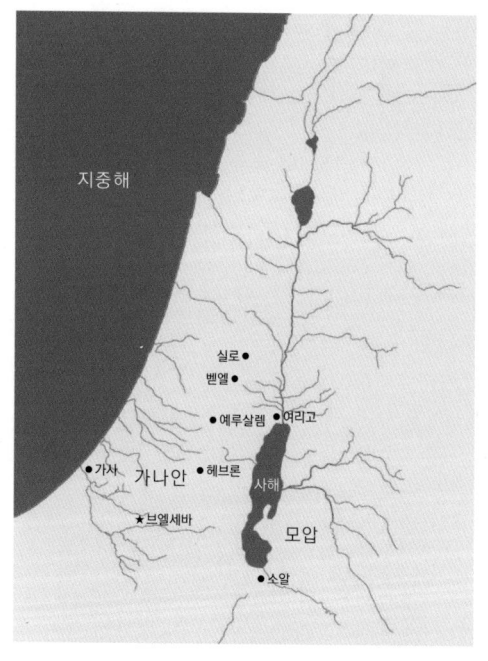

지도를 보면 브엘세바는 남방 광야(네게브)에 위치한
이스라엘의 최남단 도시임을 알 수 있습니다.
이처럼 사무엘의 아들들이 온 이스라엘을 다스리는 책임을 맡았다면
브엘세바는 적절하지 못한 통치 수도입니다. [86p]

10. 선견자와 선지자는 어떻게 다른가요?

벤저민 웨스트의 작품
〈숯불에 입술을 대는 이사야(Isaiah's Lips Anointed with Fire)〉,
선지자로 부르심을 받는 이사야의 모습이 그려져 있습니다. 【89p】

11. 구약 시대 사건들의 서기 연도는 어떻게 계산한 것인가요?

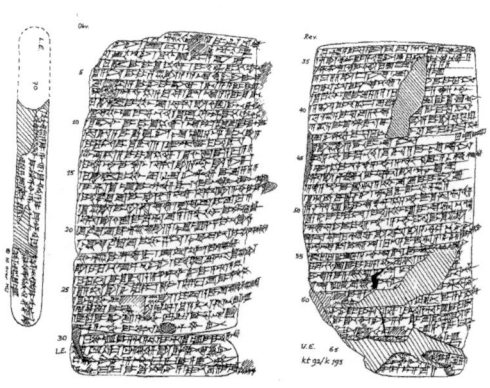

림무 실록의 탁본.
아시리아 제국은 림무(limmu)라 불리는 관료들의 이름을 연호로 사용했습니다.
이 탁본에는 주전 858-749년까지의 아시리아 제국의 연호가 나열되어 있습니다.
림무 실록이 서기 연도 계산에서 중요한 이유는
부르사갈레가 구자나의 총독으로 있던 해의 시마누 달에
개기일식이 관측되었다는 기록 때문입니다. 그것을 근거로 천문학자들은
부르사갈레 해를 주전 763년 6월 15일로 계산해 내었습니다. [93p]

12. 다윗은 왜 자신을 저주한 시므이를 살려 두었을까요?

구약 시대 예루살렘
- 다윗 시대
- 솔로몬 시대
- 므낫세 시대
- 현재

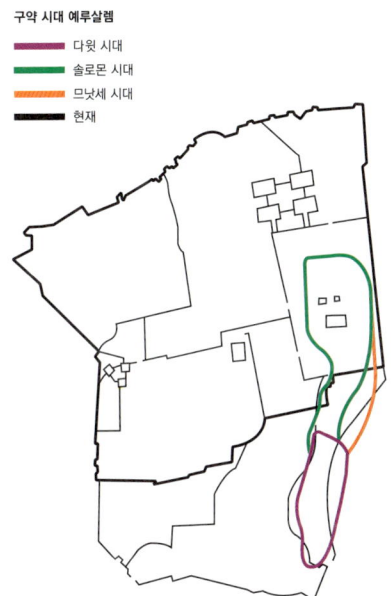

구약 시대 예루살렘의 지도.
보라색으로 표시된 지역이 다윗 시대 예루살렘으로
축구장 9개 정도의 크기에 불과했습니다. [96p]

13. 고대 이스라엘에서 노인에 대한 인식은 어떠했나요?

당시 이스라엘 백성 중 가장 연장자인 85세임에도 불구하고 아낙 자손의 성읍 헤브론을 기업으로 달라고 여호수아에게 요청하는 갈렙(수 14장 참조). 갈렙은 이스라엘 백성에게 신앙의 본이 되는 어른이었습니다. [101p]

14. 할례는 이스라엘의 고유한 관습인가요?

할례를 행하는 모습이 그려진 이집트 벽화. [105p]

15. 블레셋은 어떤 민족인가요? 이들의 후손이 팔레스타인 사람들인가요?

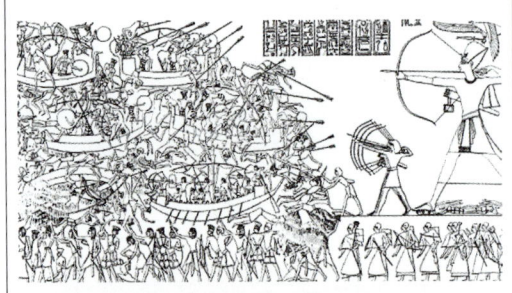

이집트 람세스 3세 신전에는 이집트인들이 블레셋을 몰아내는 장면(위)과 블레셋 포로들을 묘사한 장면(아래)이 새겨져 있습니다. [108p]

16. 다윗은 어떻게 밧세바가 목욕하는 모습을 볼 수 있었을까요?

이스라엘 악십(Achzib)에서 발굴된 목욕하는 여인 조형물.
출처: 필립 J. 킹, 로렌스 E. 스태거 공저,
《고대 이스라엘 문화》(서울: CLC, 2014), 그림 24. [111p]

장-레옹 제롬의 작품 〈밧세바(Bethsabèe)〉,
밧세바가 야외에서 목욕하는 장면을 묘사하고 있습니다. [114p]

17. '눈에는 눈 이에는 이'가 정말 야만적인 법이었을까요?

루브르 박물관에 소장되어 있는 함무라비 법전.
상단의 부조는 태양의 신 샤마쉬(앉아 있는 인물)에게 법전을 수여받는
함무라비 왕(서 있는 인물)의 모습을 묘사한 것입니다.
그 아래 석비 몸통에 법전이 새겨져 있습니다. [117p]

18. 야곱은 어째서 첫날밤에 레아를 라헬로 착각했을까요?

산 피에트로 인 빈콜리 성당에 있는, 미켈란젤로가 제작한 교황 율리우스 2세의 묘소입니다. 오른쪽 여인 조각은 레아이고 왼쪽 여인 조각은 라헬입니다. 해석가들에 따르면, 라헬은 성찰의 삶을 상징하고 레아는 외향적 삶을 상징한다고 합니다. [120p]

19. 기드온의 병사 300명은 정말로 용사였을까요?

물을 짐승처럼 핥듯 마시는 기드온의 300용사. [123p]

20. 입다의 딸은 번제물로 드려졌을까요?

가나안의 암몬 족속이 몰록 신에게 인신 제사를 드리는 모습. 【126p】

입다를 마중 나온 딸. 【127p】

21. 파라오는 왜 급히 요셉을 불러 꿈 해석을 시켰을까요?

고대 꿈 해석 교본. 이 교본에는 예를 들면, "강에서 물고기를 잡는 꿈을 꾸면 마음에 소원하던 바가 이루어진다"와 같은 꿈에 대한 다양한 해석이 적혀 있습니다. [131p]

22. 모세의 지팡이는 어떻게 뱀으로 변할 수 있었나요?

고대 이집트 파피루스에 그려진 날개 달린 뱀.
출애굽기 7장에는 이집트인들이 숭상했던 뱀이
아론의 뱀에게 잡아먹힌 사건이 묘사되어 있습니다. [136p]

23. 선지자 호세아가 매춘부와 결혼했다고요?

1372년 출간된 《역사성서(Bible Historiale)》에
그려져 있는 호세아와 고멜. [140p]

24. 사마리아 여인은 왜
뜨거운 대낮에 물을 뜨러 갔을까요?

안젤리카 카우프만의 1796년 작품
〈그리스도와 사마리아 여인(Christus und die Samariterin
am Brunnen)〉 【143p】

25. 열두 지파는 언제, 어떻게 나누어진 것일까요?

예루살렘의 한 회당(시나고그) 벽에 장식된 열두 지파 모자이크.
맨 위는 르우벤, 유다, 단, 아셀, 중간은 시므온, 잇사갈, 납달리, 요셉,
맨 아래는 레위, 스불론, 갓, 베냐민입니다(오른쪽에서 왼쪽으로). [147p]

26. 언약궤는 왜 사라졌을까요?

산헤립 왕의 궁전에 장식된 상상의 동물 라마수(Lamassu).
라마수는 사람의 머리에 사자의 몸통, 독수리의 날개를 가진 상상의 생물로,
에스겔 선지자가 묘사한 그룹 천사의 모습과 유사합니다. 【152p】

제임스 티소의 1900년 작품
〈장막 안의 모세와 여호수아(Moses and Joshua in the Tabernacle)〉,
장막 안에서 모세와 여호수아가 언약궤에 절하는 모습을 묘사하고
있습니다. 티소가 묘사한 언약궤 위의 그룹 형상은 상상도입니다.
많은 학자는 그룹이 사람의 머리에 사자의 몸통 그리고 독수리의 날개를
가진 형상이었을 것이라고 추측합니다. 【153p】

27. 창세기 6장에 나오는 '하나님의 아들들'은 누구일까요?

구스타프 도레의 1866년 작품 〈대홍수(The Deluge)〉,
홍수에 휩쓸려 고통을 당하는 사람들의 괴로움이 잘 표현되어 있습니다. [156p]

28. 엔돌의 무당이 불러낸 사무엘의 영은 진짜 사무엘인가요?

사울 앞에 나타난 사무엘의 영(가브리엘 에잉거의 1675년 작품). [161p]

29. 고대 이스라엘에서 장애인에 대한 인식은 어떠했나요?

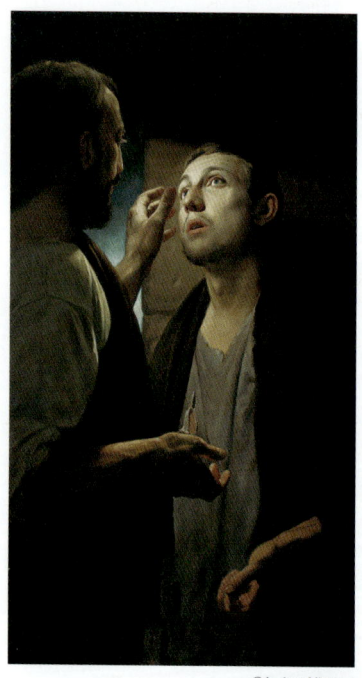

©Andrey Mironov

벳새다에서 장님을 치료하시는 예수님(막 8:22-25). [166p]

30. 창세기 1장에 나오는 '궁창'은 무엇인가요?

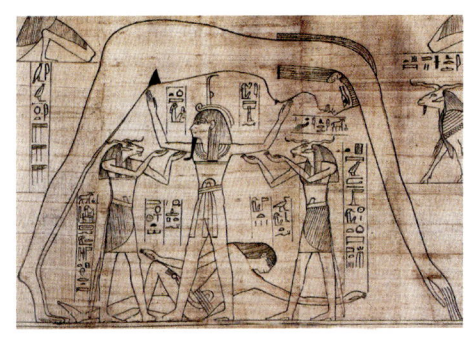

고대 이집트 사람들이 상상한 우주의 모습. 다른 신들의 도움을 받은 공기의 신 슈가 하늘의 신 누트를 기둥처럼 지탱하고 있고, 땅의 신 겝이 그 아래 누워 있습니다. 고대 이집트 사람들은 하늘의 신 누트가 매일 아침에 태양을 낳고 저녁에는 태양을 삼키는데, 밤에 누트의 몸속을 지나는 태양에서 빛이 새어 나오는 것을 별들이라고 생각했습니다. 【170p】

고대 이스라엘 사람들의 우주관. 평평한 땅 위에 하늘이 있고 그 위에 딱딱한 천장 같은 궁창이 있음을 알 수 있습니다. 【171p】

31. 모세 시대의 이스라엘 백성이 피라미드를 만들었나요?

많은 고고학자가 비돔이라고 추정하는 고대 유적지 텔엘 마스쿠타의 모습. 비돔은 "아툼의 집"이라는 의미로, 이곳에 아툼의 신전이 있었을 것으로 추정됩니다. [173p]

이집트를 연구하는 학자들에 따르면 피라미드 건설에 참여한 사람들은 노예가 아니라 이집트 시민이었다고 합니다. 이들은 좋은 임금을 받고 일한 자발적인 노동자였습니다. 그들은 특별히 마련된 지역에서 숙식을 제공받았으며, 필요한 경우 의료 혜택도 받았습니다. 심지어 사고로 사망하는 노동자들을 위한 별도의 무덤도 있었습니다. [174p]

32. 네피림과 아낙 자손은 어떤 사람들인가요?

거인으로 묘사된 네피림. 성경에서 네피림은
하나님의 아들들과 사람의 딸들 사이에 태어난
거인 용사로 알려져 있습니다. [178p]

33. 여호수아 군대와 싸운 가나안 족속의 군사력은 어느 정도였을까요?

발굴된 아마르나 서신 가운데 하나. [180p]

41

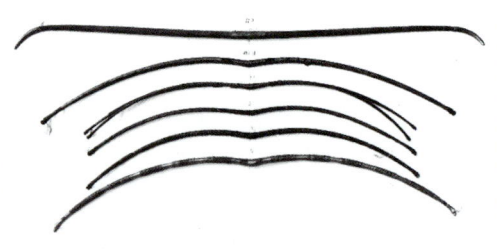

주전 13세기에 재위했던 이집트의 파리오 투탕카멘의 무덤에서 발굴된 다양한 활. 맨 위의 것이 단순 활이고 그 아래 것들이 복합 활입니다. [181p]

34. 가나안 문화에서 가장 타락한 행위는 무엇이었을까요?

시리아에 있는 우가릿(현재의 라스샴라) 유적지.
우가릿은 가나안 지역의 대표적인 도시국가 가운데 하나였습니다. [184p]

35. 아브라함은 왜 아내 사라를 누이라고 속였나요?

제임스 티소의 1896-1902년경 작품
〈파라오의 궁에 불려간 사라(Sarai Is Taken to Pharaoh's Palace)〉 [188p]

36. 엘리 제사장이 범한 잘못은 무엇이었을까요?

오늘날에도 유대 사회에서는 율법 교사인 랍비가
아이들에게 신앙을 전수하기 위해 노력하고 있습니다. [193p]

37. 아합 왕은 왜 여호와와 바알을 동시에 섬겼나요?

16세기에 출간된 《위인전기 모음(Promptuarii Iconum Insigniorum)》에 그려진
아합 왕의 얼굴. 그는 오므리 왕조를 전성기로 이끌었지만 북이스라엘에서
가장 나쁜 왕 중 한 명으로 기억됩니다. [195p]

38. 점술가 발람은 하나님의 말씀에 순종한 사람인가요?

1493년에 출간된 《뉘른베르크 연대기(Nuremberg Chronicle)》에 실린
일러스트인 〈발람과 여호와의 사자(Balaam and the angel)〉 [199p]

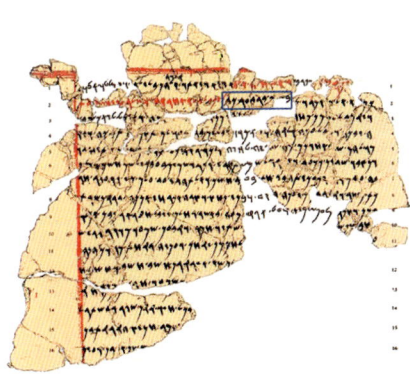

요르단에서 발견된 데이르 알라 비문.
파란색 네모 칸에 발람의 이름이 쓰여 있는 것을 볼 수 있습니다. [200p]

39. 흑인은 저주받은 인종인가요?

이반 크세노폰토브의 작품
〈함을 저주하는 노아〉, 정확하게 말하면 성경에는
함이 아니라 가나안이 저주를 받는 것으로 기록되어 있습니다. [202p]

40. 예수님께서 열 므나 비유를 드신 이유는 무엇일까요?

고대 그리스의 드라크라 동전.
1므나는 100드라크마이며 당시 소작농의
3개월치 임금에 해당됐습니다. [206p]

1. 구약 시대의 이방신에는 어떤 신들이 있었나요?

하나님은 일찍이 이스라엘 백성에게 하나님 이외에 다른 신들을 섬기지 말 것을 명령하셨습니다. 이스라엘 백성에게 일편단심의 충성을 요구하신 것이지요. 이 명령은 하나님이 이스라엘 백성과 맺으신 언약의 가장 중요한 기초가 되었습니다. 그러나 이스라엘 역사를 보면 애석하게도 하나님의 백성이 하나님을 떠나 이방신을 숭배하는 모습을 자주 보게 됩니다. 다신교 문화 속에 둘러싸인 이스라엘 백성이 끊임없이 우상숭배의 유혹에 빠지게 된 것이지요. 그러면 이렇게 이스라엘 백성을 유혹한 신들은 어떤 신들이었을까요? 성경에 금지된 우상들에는 어떤 것들이 있는지 알아봅시다.

먼저, 이스라엘과 가까운 나라인 가나안 지역부터 살펴봅시다. 가나안 사람들에게 가장 중요했던 신은 바알이었습니다. 성경에 바알이 매우 많이 언급되는 것을 볼 때, 바알 숭배가 이스라엘 백성에게 얼마나 큰 유혹이 되었는지를 알 수 있습니다. 바알은 "주인"이라는 뜻인데 지역에 따라 다른 이름으로 불렸습니다. 예를 들어 가나안 사람들은 '바알'(Baal)이라고 불렀지만 시리아 사람들은 '하닷'(Hadad)이라고 불렀지요. 이스라엘의 하나님에게 '엘로힘'과 '여호와'라는 두 개의 이름이 있는 것과 유사합니다.

사람들은 바알이 비바람을 가져다준다고 믿었습니다. 당시는 농경 사회였기 때문에, 비와 바람의 신 바알은 사람들의 생계와 직결되는 신이었습니다. 바알을 잘 섬겨야 먹고살 수 있다고 생각했지요. 오늘날로 말하면, 바알은 재물과 경제의 신인 맘몬(Mammon)에 해당합니다.

바알은 매우 인기가 많았던 신이라, 그에 관한 신화도 많이 만들어졌습니다. 그중 한 신화에 따르면 바알이 바다의 신 얌(Yam)과 싸워 이 지상에 대한 통치권을 얻습니다. 지상의 신이 된 바알은 자신의 신전에서 비와 바람, 천둥을 만들어 세상에 나누어 주는 역할을 하지요. 그런데 그의 통치권에 지하 세계의 신 모트(Mot)가 도전합니다. 그는 바알을 죽이고 그를 지하 세계로 데려갑니다. 후에 여신 아낫(Anat)의 도움으로 바알이 부활했다는 이야기로 이어집니다. 이 신화는 건기와 우기가 뚜렷하게 구분되는 중동 지방의 기후를 잘 설명해 줍니다. 바알이 죽었던 시기는 비가 오지 않는 시기인 건기이며 바알이 부활하여 신전에서 비바람을 만드는 시기는 우기인 것이지요. 이처럼 사람들은 바알 신화를 통해 기후의 변화를 이해했고, 또한 부활의 신 바알이 지구에 생명을 가져다준다고 믿었습니다.

1

이스라엘의 역사에서 바알 숭배가 절정에 달했던 시기는 북이스라엘의 왕 아합 때(주전 873-851)입니다(이 책의 37장 참조). 이런 사실은 아합과 결혼한 이세벨이 바알 숭배의 본산지인 시돈의 공주였다는 사실과 무관하지 않을 것입니다. 그녀의 아버지는 '엣바알'이라 불리는 시돈의 왕이었는데, 엣바알은 "바알의 사람"이라는 뜻입니다. 아합의 아내 이세벨의 집안에 바알 숭배가 얼마나 뿌리 깊었는지 알 수 있는 대목입니다. 이세벨과 아합 시대에는 수도 사마리아에 바알 신전이 건설되었을 뿐 아니라,

왕궁이 앞장서서 수백 명의 바알 선지자를 고용하고, 전국에 바알 숭배를 장려했습니다. 하지만 기억해야 할 것은 아합이 여호와 숭배를 금지하지 않았다는 사실입니다. 아합이 추진한 종교 정책은 혼합주의였습니다. 즉, 여호와와 더불어 바알을 섬기라는 것입니다.

유일신 사상에 익숙한 우리들에게는 좀 생소한 이야기일 수 있는데요, 이런 혼합 종교는 다신교 문화권에서 매우 자연스러운 일입니다. 그 내용은 이렇습니다. 다신교 문화에서는 원칙상 모든 것에 능한 '전능한 신'이라는 개념이 없습니다. 신들은 각각 한두 가지 정도의 잘하는 것, 소위 '주특기'를 가지고 있다고 믿었습니다. 예를 들어, 아세라(Asherah)는 출산의 신으로, 에스문(Eshmun)은 치유의 신으로 유명했습니다. 신들마다 주특기가 다르고, 인생 살면서 만나는 문제들은 여러 종류이기 때문에, 당시 사람들은 한 신만을 섬기는 것은 그다지 지혜롭지 못하다고 여겼습니다. 즉 한 신에 '올인'하는 것보다 여러 신을 섬기며 관계를 맺어 두는 것이 보다 합리적인 행동이라고 여겼습니다. 더구나 고대 근동 사람들의 관점에서 여호와는 전쟁의 신입니다. 분명 여호와는 이집트의 군대를 수장시켰고, 광야에서 미디안 군대를 멸하고, 가나안의 민족들을 몰아낸 장군 신입니다. 하지만 고대인의 관점에서 여호와는 다른 분야들에서 아직 자신의 능력을 인정받지 못한 신생 신에 불과합니다. 따라서 그들의 눈에는 전쟁의 신 여호와만 섬기는 이스라엘 사람들이 미련해 보였겠지요. 이런 논리에 이스라엘 사람들도 현혹되기 쉬웠습니다. 따라서 아합 시대에 3년 동안이나 비가 오지 않았을 때, 이스라엘 백성은 가뭄 해갈의 전문가인 바알에게 비를 내리게 해달라고 빌고 싶은 유혹을 느꼈을 것입니다. 이때 왕이 나서서 여호와와 바알을 동시에 섬겨도 좋다고 했으니, 아무리 선지자들이 여호와만 섬기라 했어도 유혹을 이기기란 쉽지 않았을 것입니다.

바알만큼이나 이스라엘 백성을 유혹했던 신이 있습니다. 아세라와 아스다롯(Ashtoreth) 같은 여신들입니다. 가나안의 신화 속에서 아세라는 가나안의 최고 신 엘(El)의 아내였고,

아스다롯은 엘의 딸이자 바알의 아내 신이었지만, 이스라엘 사람들은 이 둘을 구분하지 않고, 모두 바알의 아내들로 생각했을 가능성이 있습니다. 갈멜 산에서 바알 선지자 450명이 여호와의 선지자 엘리야와 대결할 때, 아세라 선지자 400명은 바알 선지자들을 응원합니다. 바알과 아세라의 특별한 관계를 잘 보여 주는 사건입니다.

한편 아스다롯도 자주 바알과 함께 짝을 이루며 이스라엘이 섬긴 우상들을 대표합니다. 사사기 2장 13절이 이를 잘 보여줍니다.

> 곧 그들이 여호와를 버리고 바알과 아스다롯을 섬겼으므로.

성경에서 바알의 아내들로 묘사되는 아세라와 아스다롯은 출산을 관장하는 여신이었습니다. 이 여신들도 이스라엘 백성에게 매우 인기가 높았습니다. 자녀의 출산과 가축의 다산을 돕는 것으로 여겨졌기 때문인데요. 아세라의 신상은 기둥 모양의 몸통에 여인의 가슴이 과장적으로 표현된 것이 특징입니다. 고고학자들에 의해 멸망하기 직전의 예루살렘 주거지역이 발굴되었을 때, 거의 모든 집에서 아세라 신상이 발견되었다고 합니다. 이 신상이 거의 모든 가정집에서 발견되었다는 것은 유다가 망하기 직전, 얼마나 우상숭배가 팽배했었는지를 잘 증명해 줍니다. 더 놀라운 것은 유다가 망한 후부터는 이스라엘의 가정집에서 아세라 신상이 더 이상 발견되지 않았다는 사실입니다. 우상을 숭배하면 망한다는 것을 뒤늦게 깨달은 것이지요.

가나안인들이 섬겼던 바알과 아세라 이외에도, 모압의 신인 그모스, 암몬의 신인 밀곰과 몰렉, 블레셋의 신인 다곤 등이 성경에 언급됩니다. 하지만 이 신들에 대해서 알려진 것은 많지 않습니다. 이 중 흥미로운 것은 몰렉이라는 신인데, 레위기 18장 21절을 보면 이 신은 어린이를 제물로 받았던 신임을 알 수 있습니다.

> 너는 결단코 자녀를 몰렉에게 주어 불로 통과하게 함으로 네 하나님의 이름을 욕되게 하지 말라 나는 여호와이니라.

지금까지 우리는 구약 성경에 나타난 이방신들에 대해 알아보았습니다. 바알, 아세라, 그모스, 밀곰, 몰렉 같은 이방신들이 우리들에게는 더 이상 유혹이 되지 않지만, 더 교묘하고 위험한 우상들이 우리를 유혹하고 있습니다. 오늘날의 바알 신은 돈과 명예이고, 아세라는 쾌락일 것입니다. 그 외에도 우리가 하나님보다 더 사랑하는 것은 모두 우상일 것입니다.

> 그러므로 땅에 있는 지체를 죽이라 곧 음란과 부정과 사욕과 악한 정욕과 탐심이니 탐심은 우상숭배니라(골 3:5).

2. 홍수 이전 사람들이 900세 이상 살 수 있었던 이유는 무엇일까요?

모든 질병을 피한다 해도 대부분의 사람은 100세를 넘기지 못합니다. 오늘날처럼 의학이 발달하고 영양이 좋아진 시대에는 100세까지 사는 것이 꿈만은 아니겠지만, 불과 150년 전까지만 해도 우리 조상들의 평균 수명은 40세를 넘지 못했다고 합니다. 고대 이스라엘에서도 사정은 크게 다르지 않았는데요, 성서학자들은 고대 이스라엘의 평균 수명도 40세 정도였다고 말합니다. 물론 왕과 같이 좋은 환경에 살았거나, 특별히 건강한 사람들은 80세 인생도 가능했겠지만, 대부분은 그보다 적은 수명에 만족해야 했습니다. 그런데 이런 상식과 달리 창세기를 보면 1,000년에 가까운 수명을 누린 사람들이 나옵니다. 아담은 930세까지 살았고, 무두셀라는 969세까지 살았습니다. 이렇게 긴 수명이 어떻게 가능했을까요?

이 질문에 답하기 위해 먼저 생각해야 할 것이 있습니다. 그것은 구약의 모든 사람이 1,000년에 가까운 수명을 누린 것이 아니라 홍수 이전의 사람들만 그랬다는 사실입니다. 홍수 이후 사람들의 수명은 오늘날 인간의 기대 수명까지 내려옵니다. 이 때문에 일부 사람들은 홍수 이후에 바뀐 새로운 환경이 인간의 수명을 단축시켰다고 추정합니다. 예를 들어, 홍수 이전 세계에 있었던 수증기층이 해로운 우주 방사선으로부터 사람을 보호했을 것이라는 주장이 있습니다. 그러나 홍수 이후 변화된 환경 때문에 사람들이 일찍 죽게 되었다는 주장은 '노아'의 예에서 무너집니다. 노아가 방주에서 나왔을 때 600세가 넘었는데요, 만약 그 주장이 옳다면, 방주에서 나온 노아는 변화된 환경 때문에 금방 죽었어야 합니다. 그러나 노아는 350년을 더 살아, 그의 조상 아담보다도 오래 살았습니다. 따라서 홍수 이후의 환경적 변화 때문에 인간 수명이 줄었다는 주장은 설득력이 없어 보입니다. 또 어떤 분들은 우리와 달리 홍수 이전의 조상들은 1,000년까지 살 수 있는 유전자를 가졌다고 주장합니다. 그러나 하나님이 홍수 이전의 조상들에게 1,000년 이상 살 수 있는 유전자를 주시고 홍수 이후의 '새 인류'에게 열등한 유전자를 주실 이유가 없어 보입니다. 홍수 이전의 조상들이 그 이후의 사람들보다 절대로 더 의롭지 않았기 때문입니다. 게다가 아담은 그렇게 오래 살 이유가 더욱 없습니다. 왜냐하면 그는 선악과를 따먹은 장본인이고, 하나님은 창세기 2장 17절에서 아담이 선악과를 먹는 그날 죽을 것이라고 말씀하셨기 때문입니다(New English Translation은 이 구절을 "In the very day you eat from it, you will surely die"로 번역합니다). 그렇다면 하나님의 말씀에 따라 아담은 선악과를 따먹은 그날, 해가 지기 전에 죽어야 했습니다. 그런데 그가 930세까지 살았다는 것은 잘 이해되지 않습니다.

홍수 이전의 인류가 누린 1,000년에 가까운 수명들을 문자적으로만 이해한다면 이처럼 설명하기 어려운 문제들에 봉착합니다. 그럼 다른 대안이 없을까요? 우리가 성경을 해석할 때 중요하게 살펴야 할 것은 '문맥'입니다. 특히 문학적 문맥과 신학적 문맥이 매우 중요합니다. 이런 관점에서 홍수 이전 사람들의 수명이 언급된 창세기 5장의 문학적 문맥이 '족보'라는 점에 주목할 필요가 있습니다. 보통 족보에는 수명이 언급되지 않는다는 점(예를 들어 마태복음 1장의 족보)을 고려할 때, 창세기 5장은 조금 특별한 족보임에 틀림없습니다. 이것은 왕들의 계보를 나열하면서 그 왕들의 통치 기간을 명시한 수메르의 왕명록(kinglist), 즉 왕들의 족보를 떠올리게 합니다. 그리고 창세기 5장과 수메르 왕명록을 비교하면 한 가지 흥미로운 사실과 만나게 됩니다. 즉 대홍수를 기점으로 사람들의 수명이 급격히 줄어든다는 사실입니다. 창세기 5장 족보의 홍수 이전 인류처럼 수메르 왕명록의 홍수 이전의 왕들도 엄청나게 긴 수명을 누린다는 것입니다. 수메르 왕명록에 따르면 홍수 이전의 왕들은 평균 30,000년 정도를 통치합니다.

창세기 5장 족보와 수메르 왕명록 사이에 중요한 차이도 있습니다. 평균 통치 연수가 30,000년인 수메르 왕명록과 달리, 창세기 5장 족보에서는 최고 수명이 1,000년을 넘지 않습니다. 그러나 성경에 '아담이 20,000년을 살았다' 혹은 '에노스가 30,000년을 살았다'라고 기록된들 뭐가 달라지겠습니까? 성경이 아담의 수명을 930년이라고 말하면 믿고, 아담이 20,000년을 살았다고 말하면 믿지 않겠습니까? 그렇지 않을 것입니다. 성경이 홍수 이전의 사람들에게 900년이 아니라, 10,000년을 훌쩍 넘는 수명을 할애했더라도 전혀 이상할 것이 없었을 것입니다. 그런데 창세기 5장은 홍수 이전의 조상들, 타락한 아담과 그의 후예들이 모두 1,000년에 미치지 못하게 살다가 죽었다고 말하고 있습니다. 모두 900세는 넘겼지만 한 사람도 1,000년을 넘지는 못했다고 기록하고 있습니다. 이것이 의미하는 바가 무엇일까요?

유대인들은 이 사실을 하나님께서 "선악과를 따먹은 그날에 죽을 것"이라고 말씀했음에도 불구하고 선악과를 범한 아담이 그날 죽지 않은 사실과 연결시킵니다. 전통적으로 우리는 하나님이 아담에게 말씀하신 죽음을 영적인 죽음으로 이해해 왔지만, 유대인들은 하나님의 말씀이 문자적으로 성취되었다고 생각합니다. 즉 하나님의 말씀 그대로 아담은 선악과를 따먹은 그날에 죽었다고 이해합니다. 이런 이해가 어떻게 가능할까요?

그것은 하나님의 '날'(히브리어로 욤)이 인간의 '날' 즉 24시간과 다르다는 유대인들의 주장과 관련 있습니다. 그들에 따르면 하나님의 '날'은 인간의 '1,000년'에 해당한다고 합니다(벧후 3:8 참고). 이런 관점에서 보면, 아담이 930세까지 살았다는 성경의 기록은 그가 무지 오래 살았다는 뜻이 아니라 '한 날'—물론 하나님의 한 날입니다—도 채우지 못하고 죽은 것이라는 뜻입니다. 즉 아담은 하나님의 경고대로 선악과를 따먹은 '그날' 죽은 것입니다.

이런 문학적인 관점에서 창세기 5장에 기록된 수명들을 이해하면, 창세기 5장의 신학적 메시지를 얻을 수 있습니다. 즉 창세기 5장 족보에 기록된 1,000년에 미치지 못하는 수명들은 아담의 후예들도 아담의 죄의 영향 아래 살았음을 보여 줍니다. 그들도 아담과 같이 죄로 인해 죽는 운명임을 알려 주는 것이죠. 성경 저자가 홍수 이전의 사람들에게 수메르 왕명록에서처럼 수만 년의 수명을 할당할 수 있었을 텐데 그렇게 하지 않은 것은 그들의 죽음이 '죄의 결과'임을 교훈하기 위함입니다. 창세기 5장 족보의 신학적 메시지는 아담의 후예, 즉 인간들이 죄 때문에 죽는 존재라는 것입니다. 홍수 이전 사람들은 무척 오래 살 수 있었다는 것이 절대 아닙니다. 그런 메시지는 구속사적으로 아무 의미가 없지요.

홍수 이전 사람들이 어떻게 900세 이상까지 살 수 있었을까 하는 질문에 답해 보았습니다. 이 질문은 창세기 5장 족보에 나오는 수명들을 문자적으로 이해한 것인데, 그 전제가 잘못되었을 가능성을 살펴보았습니다. 창세기 5장 족보를 유사 장르인 수메르 왕명록과 비교함으로써 창세기 5장 족보에 기록된 '긴 수명'의 참된 의미를 찾을 수 있었습니다. 즉, 창세기 5장 족보는 홍수 이전의 사람들이 기적적으로 오래 살았다는 사실을 기록한 것이 아니라 아담의 후예들도 아담의 죄의 영향 아래, 죽을 수밖에 없는 존재라는 것을 교훈하고 있습니다.

3. 장자가 아닌 사람들이 축복의 상속자가 되는 경우가 많은데 그 이유는 무엇인가요?

히브리어로 '장자권'을 의미하는 *브코라*는 '축복'을 의미하는 *브라카*와 매우 유사하게 발음됩니다. 이 장자권(브코라)과 축복(브라카)을 둘러싸고 벌어지는 야곱과 에서의 이야기는 그 두 단어의 유사한 발음에서 생기는 언어유희 때문에 그 문학적 재미가 한층 더해집니다. 그런데 장자권과 축복 사이의 관계는 단순히 언어유희적 차원에 머물지 않습니다. 실제로 모세 율법은 장자들의 특권을 명확히 인정하고 있습니다. 신명기 21장 17절에 따르면, 장자는 아버지 유산의 "두 몫"을 받게 됩니다. 이 "두 몫"은 유산 상속 시 장자에게 돌아가는 상대적 혜택만을 뜻하는 것이 아니라 가문에서 장자가 누리는 특별한 지위도 상징하는 것입니다. 장자는 아버지가 안 계시게 되면 아버지의 직무와 권한을 대행하게 됩니다. 즉 한 집안의 왕, 스승, 제사장의 삼중 역할을 하는 것이지요. 이 때문에 고대 이스라엘에서 장자권과 축복은 서로 떼려야 뗄 수 없는 관계에 놓입니다. 그런데 구약 성경에서 영적 축복의 계보가 장남이 아니라 차남들을 통해 이어지는 것을 많이 보게 되는데요, 예를 들어, 가인이 아니라 아벨과 셋, 에서가 아니라 야곱, 르우벤이 아니라 유다를 통해 구속사의 계보가 이어집니다. 우리가 잘 아는 사무엘, 다윗, 솔로몬도 모두 장남이 아닙니다. 이처럼 성경에서, 특히 구속사의 계보에서 장자가 아니라 차남, 삼남, 심지어 막내가 장자의 특권을 이어받는 이유는 무엇일까요? 하나님이 생물학적 장자가 아닌 다른 아들들로 하여금 구속사의 계보를 잇게 하신 뜻은 무엇일까요? 물론 이 질문에는 정상적인 상태라면 생물학적 장자에게 장자권이 돌아간다는 전제가 깔려 있습니다. 그렇다면 하나님이 당시 사람들의 상식을 뛰어넘는 방식으로, 일반적인 관행을 뛰어넘는 방식으로 구속사를 이끌어 가신 이유는 무엇일까요?

하나님께서 그렇게 하신 데에는 몇 가지 이유가 있습니다. 첫째, 그것은 구속사적으로 장자의 특권을 받은 이스라엘 민족이 세계사적으로 볼 때는 절대로 장자 민족이 아니었다는 사실과 관련 있습니다. 고대 이스라엘은 역사의 무대에 매우 늦게 등장했습니다. 고대 이집트 사람들이나 메소포타미아 사람들보다 1,000년 정도 늦게 민족을 이루었고, 또한 그들 나라보다 2,000년이나 늦게 왕국을 이룹니다. 늦깎이인 이스라엘 왕국은 정치·군사·경제·문화적으로 약소국의 지위를 벗어나지 못했고, 고대 근동의 동서를 잇는 교통의 요지에 위치한 탓에 오랫동안 강대국의 침략과 약탈의 대상이 되었습니다. 이스라엘의 전성기라 할 수 있었던 다윗과 솔로몬 때는 전통적인 강대국인 이집트, 아시리아(앗수르), 바빌로니아가 내부 문제로 국력이 바닥을 쳤을 때입니다. 그때를 제외하면 이스라엘은 늘 강대국의 눈치를 봐야 연명할 수 있었던 민족입니다. 따라서 이스라엘을 세상 수많은 민족의 '장자'라고 말할 객관적 증거가 전혀 없습니다. 그런데 하나님께서 그런 이스라엘을 선택하셔서, 세계 민족들의 장자가 되게 하셨습니다. 세계 민족 가운데 '왕 같은 제사장'(벧전 2:9)의 역할을 하게 만드셨지요. 이와 같은 이스라엘 민족의 반전적 운명이 성경에서는 장자가 아니지만, 하나님의 선택을 받고 장자의 특권을 유업으로 받은 신앙의 영웅들의 삶에서 미리 예고되는 것입니다.

둘째, 생물학적 장자가 아닌 다른 아들들이 장자의 특권을 받았다는 사실은 이스라엘의 율법의 관점에서 다소 충격적이지만, 보다 보편적인 법과 가치에는 잘 부합하는 일입니다. 장남으로 태어났다는 이유만으로 특권을 보장받는 것보다 불공평한 일은 없을 것입니다. 최근에 발견된 고대 근동의 유산 문서는 장자의 특권이 생물학적 장남에게 돌아가는 것이 아니라, 아버지가 마음에 들어 선택한 아들에게 돌아감을 분명히 보여 줍니다. 다음은 우가릿에 살았던 아브디밀쿠(Abdimilku)의 유산 분배와 관련된 문서입니다.

> 오늘. 우가릿의 왕 … 앞에서 다음과 같이 판결한다. 왕이
> 아브디밀쿠에게 하사한 집과 땅에 관해서 … 아브디밀쿠의 여러

아들 가운데, 아브디밀쿠가 선택한 아들에게 그 집과 땅을
줄지니라. 그가 집에서 내보내기로 결정한 아들은 그가 정실의
아들이든, 첩의 아들이든, 하녀의 아들이든 상관없이, 집에서
나가야 한다.

이와 관련하여 생물학적 장자에게 갑절의 축복을 보장한
율법이 성경에서 단 한 군데, 즉 신명기 21장 15-17절에만
등장한다는 사실에도 주목할 필요가 있습니다. 또한 그
신명기 율법이 일부다처제에서 발생할 수 있는 부당한 상황을
치유하는 문맥에서 생물학적 장자의 특권을 언급한다는 사실도
중요합니다. 다음은 신명기 21장 15-17절입니다.

어떤 사람이 두 아내를 두었는데 하나는 사랑을 받고 하나는
미움을 받다가 그 사랑을 받는 자와 미움을 받는 자가 둘 다
아들을 낳았다 하자 그 미움을 받는 자의 아들이 장자이면 자기의

> 소유를 그의 아들들에게 기업으로 나누는 날에 그 사랑을 받는
> 자의 아들을 장자로 삼아 참 장자 곧 미움을 받는 자의 아들보다
> 앞세우지 말고 반드시 그 미움을 받는 자의 아들을 장자로
> 인정하여 자기의 소유에서 그에게는 두 몫을 줄 것이니 그는
> 자기의 기력의 시작이라 장자의 권리가 그에게 있음이니라.

일부다처제에서 남편은 여러 아내 가운데 한 아내를 더 사랑할 가능성이 높습니다. 또한 그 아내에게서 낳은 자녀를 다른 자녀들보다 더 편애할 가능성도 다분합니다. 이런 상황은 다른 아내와 그 자녀들에게는 불공평한 것이겠지요. 신명기의 율법은 이런 문맥에서 장자권을 다루고 있습니다. 즉 일부다처제에서 발생할 수 있는 불공평의 문제를 다루며, 생물학적 장자에게 장자의 특권을 주어야 한다고 규정하는 것입니다. 즉 생물학적 장자에게 장자권을 보장하는 신명기 율법은 특정한 상황을 전제한 것이고, 보편적 하나님 나라의 가치가 아닐 가능성이 있습니다. 왜냐하면 어떤 율법은 인간의 타락한 상황을 전제로 주어지기 때문입니다. 예를 들어 이혼에 관한 율법이 이에 해당합니다. 신명기 24장 1절에 따르면 이혼 증서를 주면 어떤 이유로든지 이혼이 가능하지만, 예수님은 이혼이 본래 하나님 나라의 질서는 아니라고 명확히 말씀하십니다. 그리고 이혼에 관한 모세 율법은 인간의 완악함을 인하여 준 것이라고 설명하십니다. "예수께서 이르시되 모세가 너희 마음의 완악함 때문에 아내 버림을 허락하였거니와 본래는 그렇지 아니하니라" (마 19:8). 마찬가지로 생물학적 장자에게 장자의 권리를 보장하는 신명기 율법도 일부다처제와 인간의 타락한 마음을 배경으로 한 것이지, 절대로 하나님 나라의 보편적 가치로 기능하지는 않습니다. 하나님이 자신의 나라를 이루어 가는 데는 '출생'의 원리보다 '선택'의 원리를 사용합니다. 하나님 나라에서 장자의 축복은 하나님이 선택한 자에게 돌아가는 것이지요. 성경은 그리스도를 영접한 사람들을 '참 이스라엘'이라고 부릅니다. 이것은 그리스도인들이 구속사에서 장자의 축복을 이어 받았음을 의미합니다. 보잘 것 없는 우리를 그리스도 안에서 장자 삼으신 하나님의 은혜를 묵상해 봅시다.

4. 여자는 남자보다 열등한 존재로 창조되었나요?

창세기는 여자의 창조에 관해 두 가지를 언급합니다. 2장 18절은 여자가 남자의 돕는 배필이라는 것을 언급하고, 같은 장 22절은 여자가 남자의 갈빗대로 만들어졌다고 기록합니다. 남자가 여자보다 먼저 창조되었다는 사실과 함께 이 두 가지 사실은 여자가 창조 질서적으로 남자의 보조적인 존재이며 심지어 남자에 비해 열등한 존재라는 추측을 가능하게 합니다. 그러나 여자가 정말 남자보다 열등한 존재로 창조되었을까요?

결론부터 말하면 전혀 그렇지 않습니다! 우선 창세기 2장 18절의 돕는 배필이라는 개념을 살펴봅시다.

> 여호와 하나님이 이르시되 사람이 혼자 사는 것이 좋지 아니하니 내가 그를 위하여 돕는 배필을 지으리라.

여기서 "돕는 배필"로 번역된 히브리어 *에제르 크네그도*의 본래 의미는 여자가 하나님 나라를 위한 사역에 있어 남자의 동등한 파트너임을 가르쳐 줍니다. 먼저 *에제르*는 "도움"이라는 뜻입니다. 그러나 이 도움이라는 개념이 절대로 종속적인 관계를 의미하지 않습니다. 어떤 사람이 나를 도와준다고 해서 그 사람이 나보다 열등한 존재는 아니지요. 시편 기자는 하나님을 "나의 도움"이라고 부릅니다(시 40:17). 하나님이 우리의 *에제르*, 즉 도움이 되시지만, 그렇다고 그분이 우리보다 열등한 존재는 아닙니다. 또한 *에제르*는 고대 근동에서 국가 간의 조약을 체결하는 문서에서 언약 당사자들 사이의 상호 의무를 지칭하는 말입니다. 언약을 맺은 당사자들은 서로의 도움(에제르)이 될 의무가 있습니다. 조약 문서에서 '도움'은 약자가 강자에게 제공하는 서비스뿐 아니라 강자가 약자에게 제공하는 은혜도 포함합니다. 이처럼 한쪽이 다른 한쪽을 돕는다고 열등한 존재가 되는 것은 절대로 아닙니다.

여자가 남자의 열등한 존재가 아니라는 사실은 크네그도라는 말 속에서 더욱 분명히 드러납니다. 우리말 성경에서 "배필"로 번역된 단어인데, 히브리어 원문으로는 "마주 선 존재"라는 의미입니다. 즉 여자는 남자와 같은 눈높이로 마주 선 존재로 창조되었다는 말입니다. 이것은 남자와 여자의 '동등한' 협력 관계를 극대화하는 표현입니다. 남자와 여자는 '마주 보며' 협력하여 이 땅에 하나님 나라를 일구어 가야 합니다. 이처럼 "돕는 배필"의 원문적 의미를 잘 살펴보면, 여자가 남자의 삶에 보조적인 존재가 아니라, 오히려 하나님 나라를 위한 동등한 사역의 파트너임을 알 수 있습니다.

이것을 단적으로 보여 주는 것이 남자와 여자가 모두 하나님의 형상자라는 사실입니다. 창세기 1장 27절을 보면, 하나님의 형상으로 창조된 것은 남자뿐이 아닙니다.

> 하나님이 자기 형상 곧 하나님의 형상대로 사람을 창조하시되 남자와 여자를 창조하시고.

창세기 저자는 명시적으로 여자도 하나님의 형상으로 창조되었다고 말합니다. 남자와 여자가 하나님의 형상자라는 말은 그들이 "생육하고 번성하여" 에덴동산을 하나님의 형상자들로 가득 채울 사명과 그 땅과 그에 속한 모든 피조 세계를 하나님의 뜻에 따라 "정복하고 다스리는" 사명을 받았다는 뜻입니다(창 1:28). 하나님의 형상은 하나님의 대리 통치자로서의 사명을 암시합니다. 이 사명에 있어 남자와 여자의 구분이 있을 수 없습니다.

여자가 남자의 갈빗대(갈비뼈를 이루는 낱낱의 뼈대)로 만들어졌다는 이야기도 자주 오해되어 왔습니다. 사람들은 여성을 폄하하는 맥락에서 여자는 남자의 '갈비뼈'에 불과하다고 말하곤 합니다. 그러나 여자가 남자의 갈빗대로 만들어졌다는 이야기의 핵심은 여자가 남자와 매우 친밀한 존재라는 것입니다. 오늘날 사람들이 갈비뼈를 말할 때, '갈비(=측면, 옆)'에 방점을 두지만, 성경 저자는 여자가 남자의 '뼈'로 된 존재임을 강조하고 있습니다. 뼈라는 단어는 히브리어 어법에서 피나 살이라는 말과 자주 짝을 이룹니다. 유대인들이 "당신은 나의 골육(뼈와 살)이다" 혹은 "당신은 나의 혈육(피와 살)이다"라고 말하면 그것은 매우 친밀하다는 의미입니다. 내 뼈와 살의 일부를 나눈 사람보다 나와 가까운 사람이 어디에 있습니까? 따라서 여자가 남자의 갈빗대로 만들어졌다는 것은 남자와 여자가 매우 친밀하고 가까운 존재임을 보여 줍니다. 아담이 하와를 처음 보았을 때 한 고백을 생각해 보세요. "내 뼈 중의 뼈이고 살 중의 살이다"라는 말은 아담이 하와를 보고 느낀 매우 친밀한 유대감을 표현한 것입니다. 이처럼 창세기에서 여자의 창조 이야기를 보면, 여자가 남자의 보조적 존재 혹은 열등한 존재로 창조된 것이 아니라 하나님 나라를 위해 남성과 동등하면서 동시에 친밀하게 협력해야 하는 존재로 창조되었음을 알 수 있습니다.

이러한 설명이 여자와 남자의 역할 차이를 없애는 것은 아닙니다. 창세기 2장이 명확히 보여 주는 창조의 순서 속에 이 역할 차이가 암시되어 있습니다(창세기 1장만으로는 남자와 여자 중 누가 먼저 창조되었는지 알 수 없습니다). 남자가 먼저 창조되고 여자가 나중에 창조된 것은 하나님 나라를 이룸에 있어 그 둘의 역할이 다를 수 있음을 암시합니다. 그러나 이런 창조의 순서가 가치의 위계를 의미하지 않습니다. 만약 먼저 창조된 것이 우월하다면 인간은 피조물 중 가장 열등한 존재일 것입니다.

오늘날 교회에서 남자와 여자의 역할이 구체적으로 어떤 차이가 있는지에 대해서는 의견이 다를 수 있습니다. 그러나 분명한 것은 지난 150년을 되돌아볼 때 한국 교회의 부흥에 무명의 여성 사역자들이 감당한 역할이 매우 컸다는 것입니다. 그리고 현재도 이름 없이 빛도 없이 묵묵히 사명을 감당하는 한국의 여성 사역자들에게 지금보다 더 많은 격려와 위로가 필요하다는 것입니다.

5. 시편에는 어떤 장르의 노래들이 있나요?

신약 성경에 가장 많이 인용된 구약 성경은 무엇일까요? 바로 시편입니다. 이 때문일까요? 과거, 미국의 호텔마다 비치된 기드온 성경을 보면 신약 성경과 시편을 함께 묶어 놓은 경우가 많았습니다. 칼뱅은 시편을 "영혼의 해부도"라고 말했습니다. 우리 내면세계의 지도라는 말이지요. 시편에는 슬픔, 괴로움, 불안, 외로움, 기쁨, 사랑 등 우리가 겪는 모든 감정이 담겨 있습니다. 이 때문에 우리는 시편을 통해 우리의 가장 깊은 내면을 토로하며 하나님께 나아갑니다.

> 하나님이여 주는 나의 우매함을 아시오니 나의 죄가 주 앞에서 숨김이 없나이다(시 69:5).

> 여호와여 어찌하여 멀리 서시며 어찌하여 환난 때에 숨으시나이까 (시 10:1).

위의 구절처럼 시편은 우리와 하나님 사이의 직통전화 역할을 합니다. 그래서 우리의 성경 중 가장 빨리 닳는 부분이 시편이라는 통계에 그리 놀랄 필요는 없습니다.

한편, 시편 기자는 복잡한 삶의 상황과 그에 따른 인간의 희로애락을 효과적으로 표현하기 위해 다양한 장르의 시를 활용합니다. 학자마다 시편의 장르를 세분화하는 법이 조금 다르지만 여기서 소개할 것은 학자들의 이견이 없는, 대표적인 시편 장르인 찬양시와 탄식시 그리고 감사시입니다. 이 세 장르는 우리가 하나님을 더 깊이 알아 가는 신앙 여정을 잘 드러내 줍니다.

먼저, 찬양시를 알아봅시다. 찬양시의 특징은 쉼 없이 터지는 환희와 기쁨입니다. 하나님의 충만한 임재 가운데 있는 시편 기자가 그분의 선하심을 다양하고 강력한 어휘들로 찬송하지요. 예를 들어, 시편 103편 1절을 봅시다.

> 내 영혼아 여호와를 송축하라 내 속에 있는 것들아 다 그의 거룩한 이름을 송축하라.

시편 113편 1-2절도 마찬가지입니다.

> 할렐루야, 여호와의 종들아 찬양하라 여호와의 이름을 찬양하라 이제부터 영원까지 여호와의 이름을 찬송할지로다.

이런 찬양시에 특별한 형식은 없지만 찬양의 이유가 명시되는 경우가 많습니다. 보통 하나님의 선하신 성품이나 창조주로서의 권능이 그 이유로 주어집니다. 예를 들어, 시편 19편 1절은 찬양의 이유를 창조주의 권능에서 찾지요.

> 하늘이 하나님의 영광을 선포하고 궁창이 그의 손으로 하신 일을 나타내는도다.

구약학자인 월터 브루그만은 《시편 사색》에서 이런 찬양시들을 "정위의 시편"(Psalms of Orientation)이라고 불렀습니다. 정위의 시편이란 하나님의 창조 질서가 자연세계에서는 물론 인간 사회에서도 오차 없이 작동되는 상태를 전제하는 시편들입니다.

찬양시들에서는 하나님을 잘 섬기는 사람이 축복받고 그렇지 못한 자는 형벌을 받는 이상적인 세계가 전제됩니다. 그리고 그런 창조 질서 안에서 축복을 누리는 사람이 하나님의 성품과 창조적 권능을 찬양하고 있는 것이 찬양시입니다.

그러나 시편에서는 그런 정위의 시편들만 있는 것이 아닙니다. "부정위의 시편"(Psalms of Disorientation)들도 있는데요, 부정위의 시편들은 정위의 시편들과 달리, 하나님의 창조 질서가 인간 사회와 역사에서 잘 작동하지 않는 상황을 전제합니다. 즉 하나님을 잘 섬기는 자가 고난을 당하고, 무고하게 혹은 애매하게 고난당하는 자가 하나님께 불평하며 기도하는 것이 부정위의 시편들입니다. 두 번째로 살펴볼 이 '탄식시'는 부정위의 시편에 속하는 대표적인 시편 장르입니다.

기쁨의 찬송으로 가득 찬 찬양시와 달리, 탄식시는 시편 기자의 슬픔과 탄식, 불평의 언어로 가득합니다. 시편 22편 1-2절은 예수님 때문에 매우 유명하게 된 탄식시 구절입니다.

> 내 하나님이여 내 하나님이여 어찌 나를 버리셨나이까 어찌 나를 멀리하여 돕지 아니하시오며 내 신음 소리를 듣지 아니하시나이까 내 하나님이여 내가 낮에도 부르짖고 밤에도 잠잠하지 아니하오나 응답하지 아니하시나이다.

탄식시에서 시편 기자가 고통받는 이유는 여러 가지인데요. 그가 저지른 잘못 때문일 수도 있고 그를 조롱하고 공격하는 적 때문일 수도 있습니다. 심지어 시편 기자는 예수님이 그랬던 것처럼 하나님이 죄 없는 자신을 버리셨다고 불평하기도 합니다. 재미있는 통계는 시편에서 탄식시의 수가 가장 많다는 것입니다. 찬양시보다 훨씬 많습니다. 왜 하나님은 시편에 그렇게 많은 탄식시를 포함시키셨을까요? 그것은 시편의 찬양들이 형통하는 삶 가운데서 불리는 가벼운 찬양이 아니라 고난의 현장에서, 어려움 속에서 불리는 순결한 찬양임을 보여 주기 위함입니다.

실제로 우리의 삶을 돌아보면, 탄식시의 시편 저자와 비슷한 상황에 처해 있는 사람이 훨씬 많습니다. 하나님을 잘 섬기면 축복받는다고만 말하기에는 이 세상에 설명되지 않는 고통이 너무 많지요. 하지만 탄식시를 통하여 삶의 어두움, 죽음, 고통과 정직하게 대면할 때, 우리는 예기치 못한 하나님의 도우심, 즉 반전적 은혜를 체험할 수 있습니다.

탄식시는 찬양시와 달리 비교적 엄밀한 형식을 따라 작성되는데 가장 중요한 것이 탄식의 말 뒤에 늘 따라 나오는 찬양입니다. 장르의 특성상 탄식시에는 반드시 찬양이 포함되어야 합니다. 예를 들어, 시편 13편은 대표적인 탄식시입니다. "여호와여 어느 때까지니이까 나를 영영히 잊으시나이까, 주의 얼굴을 나에게서 언제까지 숨기시겠나이까"라는 말로 시작하지만, 마지막은 "내가 여호와를 찬송하리니 이는 나를 후대하심이로다"라는 말로 끝납니다. 여기에 탄식시의 핵심이 있습니다. 즉 어떤 이유로 우리가 어두운 터널을 지난다 할지라도, 바로 그 어둠의 자리가 하나님을 만나는 자리라는 것이지요.

마지막으로 살펴볼 시편의 장르는 감사시입니다. 찬양시처럼 감사시에도 하나님에 대한 찬송이 많이 나오지만, 그 둘 사이에 중요한 차이가 있습니다. 찬양시에는 시편 기자가 고난 중에 있다는 힌트가 없지만, 감사시에는 시편 기자가 경험한 고난이 언급됩니다. 즉 감사시는 고난 가운데 있었던 시편 기자가 자신을 구원하신 하나님의 은혜를 찬양하는 시편입니다. 이 때문에 앞서 소개한 브루그만은 감사시를 "재정위의 시편"(Psalms of Reorientation)이라고 부릅니다. 길(하나님)을 잃었던 시편 저자가 다시 길(하나님)을 찾고 부른 시편이라는 뜻입니다. 이 재정위의 시편들에서 볼 수 있는 흥미로운 특징은 시편 기자에게 '구원'이 찾아오는 상황이 구체적으로 서술되지 않는다는 것입니다. 마치 구원이 전혀 예상치 못한 순간에 찾아오는 것처럼 말입니다. 그러기 때문에 감사시에서 노래되는 구원은 더욱더 환희로운 구원입니다. 모두가 "죽음이다", "끝이다"라고 말하는 순간에 시작되는 성령의 생명 역사를 노래하는 것이 감사시입니다.

지금까지 시편의 장르들에 대해 간단히 살펴보았습니다. 시편에는 찬양시·탄식시·감사시 등 다양한 장르의 노래들이 수록되어 있는데 이들을 잘 살펴보면 하나님을 믿고 산다는 것이 무엇인지, 다시 말해 진정한 영성이 무엇인지를 배울 수 있습니다. 특히 탄식시가 시편의 대부분을 차지한다는 사실은 신앙생활을 잘하면 만사형통할 것이라는 기복주의적 신앙이 시편이 말하는 영성이 아님을 보여 주지요. 시편의 찬양은 고난을 통과한 사람이 부르는 것입니다. 따라서 시편은 우리가 고난을 정직하게 끌어안고 그 고난을 깨고 나오는 성령의 생명 역사를 체험할 수 있도록 도와줍니다.

6. 홍수 이전의 사람들은
채식주의자였다는데 정말인가요?

사람들은 다양한 이유로 채식주의자가 됩니다. 어떤 사람은 건강해지고 싶어서, 어떤 사람은 아름다운 몸매를 가꾸고 싶어서, 어떤 사람은 살생하지 말라는 종교적 가르침을 따라서 채식만을 선호합니다. 기독교인들 사이에서도 채식이 하나님의 본래적 창조 질서라는 주장을 심심치 않게 들을 수 있습니다. 이런 주장을 펴는 사람들은 에덴동산에서는 채식만 허용되었고, 육식은 홍수 이후에야 인간에게 허락되었다고 말합니다. 할리우드 영화 〈노아〉에서도 사람들이 채식만 하는 것으로 묘사됩니다. 그래서 이번에는 육식이 홍수 이후에 인류에게 처음 허락된 것인지에 대해 대답해 보도록 하겠습니다.

먼저, 홍수 이전 사람들이 채식만 했고 육식이 처음 허용된 것은 홍수 이후라는 주장이 어떻게 나오게 되었는지 살펴보겠습니다. 그 주장은 창세기 9장 3절에 근거합니다.

> 모든 산 동물은 너희의 먹을 것이 될지라 채소 같이 내가 이것을 다 너희에게 주노라.

이 구절을 문맥과 관계없이 문자적으로 읽으면, 노아 홍수 이전에는 하나님이 채소만 음식으로 허락했는데 홍수 이후부터 고기 섭취를 허락한다는 이야기 같습니다. 이뿐만 아니라, 창세기 1장 29절에서 식물들은 인간의 음식으로 언급되었으나 동물에 대한 언급은 빠져 있다는 사실 또한 에덴동산에서는 인간이 채식만 했다는 주장으로 이어집니다.

하나님이 이르시되 내가 온 지면의 씨 맺는 모든 채소(에세브)와 씨 가진 열매 맺는 모든 나무(에츠)를 너희에게 주노니 너희의 먹을 거리가 되리라.

더구나 어떤 분들은 타락 이전의 세상이 다른 생명을 죽여야만 생존할 수 있는 약육강식의 세상은 아니었을 것이라고 주장합니다. 하나님이 보시기에 좋은 세상은 적어도 그런 모습은 아니었을 것이라는 말이지요. 이런 주장이 모두 옳다면, 채식만 하는 것은 하나님의 창조 질서를 회복하는 거룩한 일이 되겠지요. 그런데 정말 그럴까요?

성경을 자세히 들여다보면 반드시 그런 것은 아님을 알게 됩니다. 먼저, 창세기 9장 3절을 보면 "모든 산 동물은 너희의 먹을 것이 될지라 채소 같이 내가 이것을 다 너희에게 주노라"라고 쓰여 있습니다. 이 구절을 히브리 원어로 보면 방점이 "동물"에 찍혀 있는 것이 아니라, "모든"에 찍혀 있음을 알게 됩니다. 즉 창세기 9장 3절은 방주에서 막 나온 노아와 그 식구들에게 주신 일반 은총 언약(선택받은 백성에게만 적용되는 것이 아니라 모든 인류에게 적용되는 규범)으로 '이제부터는 채소처럼 동물도 정결한 것과 부정한 것을 가리지 않고 다 먹어도 좋다'는 뜻입니다. 이 말은 방주 안에서는 모든 고기를 다 먹을 수 없었음을 의미합니다. 방주 안에서 노아의 가족들이 정결한 고기만을 먹을 수 있었다는 사실은 하나님이 정결한 동물의 경우 수컷과 암컷 한 쌍(창 7:2; 개역개정의 "암수 둘씩"은 오역임)이 아니라 일곱 쌍을 방주에 실으라고 명령한 사실을 통해 암시됩니다. 정결한 동물은 단순히 종족 보존을 위한 목적(암수 한 쌍) 이외에도 방주 안에서 식용으로 쓸 것과 홍수 후에 제사로 쓰일 것이었기 때문에 모두 일곱 쌍이나 필요했던 것입니다.

홍수 직후 하나님이 노아와 맺은 언약은 하나님이 직접 통치하는 '신정 공동체'에 주어진 특별 은총 언약이 아니라 모든 인류, 즉 지구 전체에 주어진 일반 은총 언약입니다. 노아 언약의 내용이 무엇인가요? 네, 다시는 홍수가 세상을 덮어 생명의 순환이 단절되지 않을 것을 약속하는 것입니다. 이것은 방주 안의 공동체나 고대 이스라엘 공동체에만 적용되는 약속이 아니라 온 인류에게 적용되는 약속입니다. 한편 육고기 중 정결한 것과 부정한 것을 구분하는 정결법은 신정 공동체(선택받은 언약 백성) 안에서만 적용됩니다. 노아의 방주 공동체와 고대 이스라엘의 백성 공동체에 적용되었지만, 대한민국과 같은 일반 은총 공동체에 적용되는 법은 아닙니다. 이런 관점에서 창세기 9장 3절의 의미는 신정 공동체인 '노아 방주' 안에서 정결한 동물의 식용만 허용되었던 상황을 배경으로 이해해야 합니다. 즉 창세기 9장 3절은 정결한 고기만이 식용으로 허용되었던 노아 방주 안의 상황을 해제하고 방주 밖으로 나온 노아의 후손들에게 식물의 경우(정결과 부정의 구분이 없이 모두 허용됨)처럼 모든 고기 섭취를 허용하는 말씀으로 이해되어야 합니다.

이처럼 홍수 이전에 사람들이 이미 육식을 했다면, 창세기 1장 29절은 어떻게 이해해야 할까요? 어떤 사람들은 창세기 1장 29절에서 동물이 인간의 음식으로 언급되지 않았다고 지적하면서, 이것을 고기 섭취에 대한 금지 명령으로 이해합니다.

하지만 이 구절이 동물을 언급하지 않았다고 해서 이것을 홍수 이전 사람들의 육식 금지에 대한 증거로 사용할 수 없습니다. 일반적으로 꼭 필요한 것만을 언급하는 성경 문체의 특성상 어떤 것에 대해 말하지 않았다고, 그것을 금지했다고 이해할 수 없기 때문입니다. 만약 그렇게 이해한다면, 인간에게는 나무(에츠)와 채소(에세브)만이 허락되었지, 풀(데쉐) 종류는 먹을 것으로 허락되지 않았다고 말해야 합니다. 무슨 말이냐구요? 창세기

1장 12절을 보면 하나님이 셋째 날에 창조하신 '식물'의 종류가 세 가지로 나열됩니다.

> 땅이 풀(데쉐)과 각기 종류대로 씨 맺는 채소(에세브)와 각기 종류대로 씨 가진 열매 맺는 나무(에츠)를 내니 하나님이 보시기에 좋았더라.

그런데 창세기 1장 29절에서 허락된 '식물'은 이 가운데에서 나무와 채소뿐입니다. 풀을 먹어도 되는지 안 되는지에 대해 본문은 침묵합니다. 우리는 이런 침묵을 '금지'로 이해해서는 안 될 것입니다. 왜냐하면 인간에게 동산 중앙의 선악과를 제외한 모든 것이 식용으로 허락되었다는 하나님의 말씀에 정면으로 위배되기 때문입니다.

그렇다면 왜 창세기 1장 29절은 식물만을 인간의 음식으로 언급했을까요? 그것은 창세기 1-2장(창조와 축복)이 창세기 3장(선악과를 범하는 타락)의 배경을 제공하기 때문입니다. 3장에 서술된 인간 타락에 대한 이야기는 인간과 식물(선악과가 여기에 포함됨)을 둘러싸고 전개됩니다. 따라서 1장에서 하나님이 인간에게 모든 식물을 음식으로 허용했다고 말해 두는 것이 중요했습니다. 이 모든 것은 창세기 1장 29절이 육고기에 대해 침묵한 것을 그것에 대한 금지로 이해해서는 안 됨을 보여 줍니다. 오히려 그 구절이 하늘의 새와 바다의 물고기와 땅의 동물들에 대한 인간의 통치권을 규정한 선언(창 1:28) 다음에 나온다는 사실은 인간에게 새나 물고기, 땅의 동물들도 음식으로 선용할 권리가 있음을 암시합니다.

또 어떤 사람들은 하나님이 보시기에 좋았던 세상이 약육강식의 원리를 가진다는 것은 상상할 수 없다고 말하면서, 에덴동산에서 동물의 섭취가 금지되었을 것이라 주장합니다. 그러나 하나님이 보시기에 좋았다라고 말했다고 그것이 인간이 생각하고 꿈꾸는 '완전한 이상'을 의미하지는 않습니다. 해부학적으로 인간은 식도와 기관지가 겹쳐 있어, 한 해에도 수많은 사람이 목에 음식이 걸려 죽게 됩니다. 하나님이 인간의 몸을 더 잘 설계했더라면 그런 일이 발생하지 않았겠지요. 이외에도 하나님 보시기에 좋았더라고 선포하신 자연 질서 가운데는 우리가 이상적이라고는 도저히 생각할 수 없는 현상들이 존재합니다. 따라서 하나님이 보시기에 좋았더라는 말은 인간이 생각하기에 이상적이거나 완전한 상황을 의미하지는 않습니다. 그 말은 피조 세계가 하나님의 '주권적 목적' 혹은 '구속적 목적'에 합당하다는 뜻입니다.

에덴동산에서 육식이 허용되었다고 해도, 그 세계가 오늘날의 타락한 약육강식의 세계라고 생각할 필요는 없습니다. 그 세계는 하나님의 대리 통치자인 인간을 정점으로 한 위계적 질서를 가진 세계일 뿐입니다. 인간에게 주어진 피조 세계에 대한 통치권은 그것들을 음식으로 유용할 권리를 포함합니다. 육식이 허용되었다면 새나 물고기, 짐승 등이 죽어서 인간의 음식이 되었겠지요. 이것은 에덴동산에서부터 '죽음을 통한 생명'이란 원리가 작동하고 있었음을 보여 줍니다. 그리고 이것은 문제라기보다는, 하나님의 구속의 계획을 미리 보여 주는 듯합니다.

요약하면, 육식은 홍수 이후부터 시작된 것이 아니라 에덴동산에서부터 있었을 것으로 보입니다. 물론 성경 해석에 대한 견해 차이는 있을 수 있지만 적어도 성경 본문은 육식이 타락 이전의 에덴동산에서부터 있었을 가능성을 부정하지 않습니다. 그리고 타락 이전에 육식이 가능했다는 사실은 하나님의 대리자인 인간을 정점으로 한 피조 세계의 위계적 질서를 보여 줄 뿐 아니라 '죽음을 통한 생명'이라는 구속사의 신비를 암시하기도 합니다. 홍수 이후에 고기를 허용했다는 주장의 근거 본문으로 인용되는 창세기 9장 3절은 노아 방주 안에서 작동했던 정결한 동물과 부정한 동물의 구분을 없애고, 인류에게 '모든' 동물의 섭취를 허락하는 명령으로 이해되어야 합니다.

7. 고대 이스라엘 사람들의 의복은 어떠했나요?

인류 역사에서 의복은 건강과 생존에 필수품이었을 뿐 아니라 문화에 따라 다양한 사회적 의미를 지녀 왔습니다. 옷은 종종 그 사람의 직업이나 사회적 신분, 경제적 지위를 보여 주지요. 성경에도 옷과 관련된 상징적 행위들이 있습니다. 가족이 죽거나 나라가 망하는 것과 같은 아주 큰 슬픔을 당했을 때 고대 이스라엘 사람들은 겉옷을 찢어 그 슬픔을 표현했습니다. 또한 옷을 다른 사람에게 주는 것은 권력이나 지위의 승계를 의미하기도 합니다. 예를 들어, 엘리사가 엘리야에게 갑절의 능력을 구했을 때, 엘리야는 승천할 때 자신의 겉옷을 남김으로써 엘리사의 간구에 응답해 주었습니다. 지금부터 고대 이스라엘 사람들의 의복과 관련한 이야기를 해봅시다.

먼저, 옷의 재료인데요. 고대 이스라엘에서 가장 많이 사용된 옷감은 양털이었습니다. 베나 가죽으로도 옷을 만들었지만 그것들은 양털보다 고급 옷감으로 인식되었습니다. 아시리아 왕 디글랏 빌레셀이 이스라엘에 요구한 공물 중에는 보라색으로 물들인 베옷이 있었을 정도니까요. 성경에서는 옷을 만들 때 서로 다른 옷감을 섞어 만드는 것을 엄격히 금합니다. 신명기 22장 11절을 보면 이런 말씀이 나와 있습니다. "양털과 베실로 섞어 짠 것을 입지 말지니라." 율법이 당시 합법적인 옷감이었던 양털과 베실을 섞어 짠 옷을 금지한 이유는 학자들도 잘 모릅니다. 다만 그것이 하나님의 거룩(*카도쉬*; '분리'를 의미함)과 관련된 것만은 분명합니다.

한편 가장 널리 사용된 양털 옷은 세탁하기 힘들었기 때문에

사람들은 옷을 잘 빨지 않았다고 합니다. 그렇다고 옷을
자주 갈아입었을까요? 그렇지도 못했다고 합니다. 만약 고대
이스라엘 사람들이 여러분 곁에 앉는다면, 코를 찌르는 냄새에
금방 코를 손으로 막아야 할지 모릅니다. 고대 이스라엘에서
옷이 매우 귀했기에 옷을 갈아입는 일은 부자나 귀족들만
가능했던 경제적·사회적 특권이었습니다. 이 때문에 옷은
귀중한 선물로 간주되었습니다. 성경에서도 보면 이집트의 총리
요셉은 가나안으로 돌아가는 형제들에게 옷을 한 벌씩 선물해
주었습니다. 특히 막내인 베냐민에게는 다섯 벌을 선물하였지요.
시리아 장군 나아만도 병을 고치기 위해 엘리사를 찾아왔을 때
선물로 옷 열 벌을 가져왔습니다.

그렇다면 고대 이스라엘 사람들은 구체적으로 어떤 옷을
입었을까요? 제일 먼저 몸의 가장 안쪽에 입는 옷이 있습니다.
이를 히브리어로 *에조르*라고 부르는데, *에조르* 위에 아무것도
입지 않고 외출할 수 있었기 때문에 오늘날의 속옷과는 조금
다릅니다. 보통 베나 가죽으로 만들어진 이 옷은 남자의 하체를
겨우 가리는 형태의 의복이었습니다. 열왕기하 1장 8절에
따르면 엘리야가 털이 매우 많은 사람이었고, "허리에 가죽 띠"
를 띠었다고 되었는데, 여기서 가죽 띠는 오늘날 바지를 잡아
주는 허리띠의 개념이 아니라 가죽으로 된 *에조르*, 즉 남자의
하체만을 가린 옷을 의미합니다. 오늘날도 더운 중동 지역이니
당시에는 *에조르*만 입고 돌아다니는 남성들을 쉽게 만날 수
있었을 것입니다.

둘째, 사람들은 *에조르* 위에 *쿠토넷*이라는 옷을 입었습니다. 이 옷은 한쪽 어깨에 걸어, 발목 부분까지 떨어뜨리는 옷으로, 보통 반소매였지만 특별한 경우 긴소매를 가지기도 합니다. 어떤 학자들은 야곱이 요셉에게 만들어 준 채색옷이 긴소매를 가진 *쿠토넷*이라고 주장합니다. *쿠토넷*은 보통 양털로 만들어졌으며, 사람들이 가장 애용했던 일상복이었습니다. 이 옷은 허리 부분을 벨트로 고정시킬 수 있어서 일할 때는 옷자락을 허리띠에 고정시키거나, 싸울 때는 칼과 같은 무기를 허리띠에 꽂고 다녔습니다.

셋째, 사람들은 쿠토넷 위에 겉옷에 해당하는 *케수트*를 입기도 했습니다. *케수트*는 사각형 모양의 의복으로 몸에 빙빙 둘러 착용했습니다. 이 겉옷은 주로 추위와 비로부터 몸을 보호하기 위한 것이었고, 일을 하거나 빨리 달릴 때에는 벗어야 했습니다. 겉옷은 주인의 사회적 지위에 따라 화려한 장식 술을 가질 수도 있었고, 잠잘 때는 담요로 사용되기도 했습니다. 재미있는 것은 고대 이스라엘에서 이 겉옷이 빚에 대한 담보로도 사용되었다는 것입니다. 빚을 갚지 않는 사람의 겉옷을 빼앗아 빚을 갚을 때까지 돌려주지 않는 관행이 있었습니다. 그러나 출애굽기 22장 25-26절은 이런 관행이 가난한 사람들에게 행해지지 않도록 경고합니다. 가난한 사람에게는 겉옷이 그날 밤 몸을 덮을 유일한 이불이기 때문에, 가난한 자에게서 담보로 취한 겉옷은 해지기 전까지 돌려주라고 규정한 것입니다. 실제로 이스라엘 야브네 얌에서 발견된 고대 편지에는 어떤 빚쟁이가 밭에서 노동하는 일꾼의 겉옷을 느닷없이 빼앗아 갔을 때 그 노동자가 그 지역 관료에게 민원을 넣은 사실이 기록되어 있습니다.

또한 겉옷은 물건을 나르는 보자기로도 사용되었습니다. 출애굽기 12장 34절에 따르면, 이스라엘 백성은 떡 반죽을 담은 그릇을 옷에 싸서 어깨에 메어 운반했고, 사사기 8장 25절에 따르면 사람들로부터 금귀고리를 모을 때도 겉옷이 사용되었습니다. 또한 열왕기하 4장 39절을 보면, 엘리사의 제자가 국을 끓일 재료를 찾기 위해 들에 나갔다가 들호박을 발견하고는 그것을 겉옷에 가득 담아 돌아오는 일도 있었습니다.

이처럼 겉옷은 방한복, 우비, 이불, 보자기 등 매우 다양하게 활용되었음을 알 수 있습니다. 고대 이스라엘 사람들에게 옷은 부끄러움을 가리거나 추위로부터 보호하는 역할 이외에 때로는 슬픔을 표현하는 도구, 때로는 권세나 지위를 상징하는 물품, 때로는 밤에 덮는 이불, 때로는 물건을 나르는 수단, 때로는 빚에 대한 담보 등 매우 다양한 방식으로 이스라엘의 생활과 문화의 일부를 형성했다는 사실을 기억해야겠습니다.

8. 고대 이스라엘 사람들은 자식들의 이름을 어떻게 지었나요?

고대 이스라엘 사람들에게 이름은 단순한 호칭이 아닙니다. 그들은 이름이 한 사람의 존재적 본질을 담고 있다고 생각했습니다. 이런 생각은 하나님의 이름에 대한 유대인의 태도에서 가장 명확히 확인됩니다. 유대인들은 하나님의 이름인 요드-헤-바브-헤(YHWH)가 성경에 등장할 때마다 그것을 "야훼"로 발음하지 않고, 주님을 의미하는 *아도나이*로 바꾸어 읽었습니다. 하나님의 거룩한 본질을 담고 있는 하나님의 이름을 부정한 인간이 발음하는 것 자체를 금기했기 때문입니다. 이것을 너무 철저하게 지켜서 나중에는 하나님의 이름을 어떻게 발음하는지 잊어버리게 되었을 정도입니다. 지금부터 고대 이스라엘의 이름에 얽힌 이야기를 풀어 가겠습니다.

구약의 유대인들은 이름을 어떻게 지었을까요? 일단 김 씨, 이 씨, 박 씨와 같은 성씨가 없었다는 것이 흥미롭습니다. 즉 구약의 유대인들은 성씨를 제외한 이름, 영어로 이야기하면 First Name만 가졌습니다. 이름이 같아 구분할 필요가 있을 때에는 "~의 아들"을 의미하는 히브리어 *벤* 다음에 아버지의 이름을 붙여 표시합니다. 예를 들어, 이삭의 이름은 *이삭 벤 아브라함*(아브라함의 아들 이삭)이며 야곱의 이름은 *야곱 벤 이삭*(이삭의 아들 야곱)이 될 것입니다. 이 경우 이삭에게 '아브라함의 아들'이라는

말이 성씨가 아닌 것은 야곱에게는 '이삭의 아들'이라는 말이
붙는다는 사실에서 명백해집니다. 만약 "~의 아들"이라는 표현이
성씨의 개념이라면 이삭과 야곱이 모두 동일한 인물의 아들로
소개되어야겠지요.

고대 이스라엘 사람들의 이름은 세 종류로 나뉩니다. 먼저
동물이나 식물의 이름을 따서 작명하는 경우가 있습니다. 예를
들어 라헬은 "암양"이라는 의미이고, 요나는 "비둘기", 드보라는
"벌", 다말은 "야자나무"라는 의미입니다. 하지만 성경에 보다
자주 등장하는 이름은 '문장 이름'(문장이 이름이 되는 경우)입니다.
이 경우 종종 신의 별칭들이 문장의 주어로 사용됩니다. 이름에
자주 사용되는 신의 별칭들로는 여호와의 축약형인 '요'와
'여호' 혹은 '야'가 있고, 하나님의 축약형인 '엘'도 자주 문장
이름에 사용됩니다. 이 문장 이름들은 출생과 관련된 상황,
자녀를 주신 것에 대한 감사, 하나님의 구원에 대한 소망 등을
표현합니다. 예를 들어 라헬이 오랜 불임 끝에 얻은 요셉은
"여호와께서 (아들을) 더 주시기를"이라는 의미이며, 한나가
낳은 사무엘은 "하나님이 기도에 응답하셨다"는 의미입니다.
또한 사무엘의 두 아들인 요엘과 아비야는 각각 "여호와가
하나님이시다" 그리고 "여호와가 나의 아버지이시다"라는
의미이며, 이사야는 "여호와가 구원하신다"라는 의미입니다.
마지막으로, 가끔 외래어 이름이 고대 이스라엘인들에게
주어지기도 합니다. 대표적으로 엘리의 두 아들 홉니와
비느하스는 모두 이집트식 이름인데 홉니는 "올챙이"라는 뜻이며,
비느하스는 "남부인", 즉 흑인이라는 의미입니다. 남유다의 15대
왕인 아몬도 이집트 신의 이름을 붙여 만든 이름입니다. 히브리식
이름을 버리고 외래어 이름을 채택하는 관행은 유대인이 나라를
잃고 디아스포라로 살아가면서 더욱 심해집니다.

처음에 언급했듯이 고대 유대인들은 이름에 한 사람의 존재적
본질이 들어 있다고 생각했습니다. 그러나 그들이 이름에 대한
숙명주의적 태도를 견지한 것은 아니었습니다. 즉 이름이 그
사람의 삶을 숙명적으로 결정한다고 생각한 것은 아닙니다.
이름에 대한 숙명주의적 태도는 주후 70년 이후에 시작된

유대교에서 심화됩니다. 구약의 이스라엘 사람들은 자신의 이름을 아름다운 것으로 만들기 위해 인생을 성실하게 살아야 한다고 생각했습니다. 전도서 7장 1절은 이런 태도를 잘 보여 줍니다.

> 좋은 이름이 좋은 기름보다 낫고 죽는 날이 출생하는 날보다 나으며.

이 구절에 따르면 죽는 날이 출생한 날보다 나은 것은 죽는 날에 그 사람의 좋은 이름이 완성되기 때문입니다. 태어날 때 주어진 이름은 빈 상자와 같습니다. 그 사람이 살면서 말하고 행동하는 것이 그 '이름 상자'에 내용을 채워 넣습니다. 그리고 그 사람이 죽을 때쯤에는 그 이름 안에 그 사람의 인생이 고스란히 담기게 되지요. 그리고 그렇게 완성된 좋은 이름은 '좋은 기름', 즉 세상의 어떤 물질적 축복보다 낫다는 것입니다.

성경에는 인생의 중요한 변화의 시점에 새 이름을 부여받은 사람들이 많습니다. 압복 강에서 교활한 야곱은 하나님의 다스림을 받는 '이스라엘'이 되었고, 우상숭배자의 아들 아브람은 하나님과의 언약 체결식에서 열방의 아버지 '아브라함'이 되었습니다. 우리 모두도 예수님을 영접하는 순간 '크리스천' 이라는 새 이름을 부여받게 됩니다. 크리스천이 "작은 예수"라는 뜻이지요? 이 이름이 아름다운 이름이 될 수 있도록 노력해야 하지 않을까요?

9. 사무엘 선지자는
자녀 교육에 실패했나요?

"자식은 마음대로 안 돼!"라는 자조 섞인 소리를 들어 봤을 것입니다. 자식을 키워 본 부모들도 이 말에 공감할 것입니다. 많은 사람이 공감한다는 것은 그 말에 어느 정도 일리가 있다는 뜻일 텐데요. 아무리 부모가 신앙이 깊어도 자식이 반드시 올바른 신앙의 삶을 사는 것은 아닌 듯합니다. 그리고 이런 입장을 지지하는 듯한 내용이 성경에 많이 나와 있는데요. 예를 들어, 대제사장 엘리의 아들들이 하나님을 모르는 불량자였고, 사무엘 선지자의 아들들이 뇌물을 받고 재판했으며, 히스기야의 아들 므낫세가 전대미문의 우상숭배에 빠진 사건은 유명합니다. 아무리 자식이 부모 마음대로 안 된다고 하지만, 그럼에도 불구하고 위대한 신앙의 영웅들의 자식들이 타락하는 모습을 볼 때마다 아쉬움과 함께 '왜'라는 질문을 던지지 않을 수 없습니다.

그러면 부모의 신앙과 자녀의 신앙에는 어느 정도의 상관관계가 있을까요? 여기에는 두 가지 극단적인 대답이 주어질 수 있습니다. 하나는 부모가 올바로 서면 자식은 절대로 비뚤어지지 않는다는 입장이고, 다른 하나는 부모가 아무리 신앙이 좋아도 자식의 신앙은 그 개인의 문제라는 입장입니다. 그러나 진실은 그 극단 사이 어딘가에 놓여 있는 듯합니다. 성경은 신앙 좋은 부모에게서 난 아들이 타락하게 되는 경우뿐만 아니라 엘가나와 한나에게서 태어난 사무엘의 경우처럼 자녀가 부모의 신앙 유산을 잘 이어받은 예도 언급하고 있습니다. 하지만 분명한 것은 부모가 자녀의 신앙을 '결정'할 수 없지만 신앙이 좋은 부모에게 교육을 받고 자란 자녀는 신앙의 사람으로 클 가능성이 매우 높다는 것입니다.

이런 관점에서 볼 때 가장 안타깝고 설명하기 힘든 예가 사무엘의 두 아들인 아비야와 요엘입니다. 사무엘상 8장 2-3절에서 두 아들은 브엘세바에서 사사가 되어 나라를 다스렸지만, 사무엘의 가르침을 저버리고 이익을 따라 뇌물을 받고 잘못된 판단을 내린 것으로 묘사됩니다. 이런 사무엘의 아들들의 이야기는 하나님의 엄중한 심판 아래 죽은 엘리의 두 아들들을 생각나게 합니다. 선지자 사무엘의 아들들도 엘리의 아들들처럼 용서받지 못할 정도로 타락한 것일까요? 기도의 어머니 한나에게 신앙을 배운 사무엘이 정말 자식 교육에 실패한 것일까요? 하지만 그 본문을 주변 문맥 안에서 읽으면 초점이 사무엘의 자식들의 타락에 있는 것이 아니라 그것을 빌미로 왕을 요구한 이스라엘 장로들의 탐욕에 있음을 알 수 있습니다. 즉 성경 저자는 아비야와 요엘의 악행이 '왕을 세워 달라'는 장로들의 요구를 절대로 정당화시키지 않는다고 말하는 것입니다. 그리고 다음의 여러 정황은 사무엘의 아들들이 엘리의 아들들처럼 회복할 수 없이 타락한 불량자는 아님을, 즉 선지자 사무엘이 제사장 엘리처럼 자식 교육에 실패한 것은 아님을 보여 줍니다.

먼저, 사무엘의 아들들의 이름에 주목해 봅시다. 그들의 이름에는 사무엘의 신앙이 담겨져 있습니다. 아비야는 "여호와가 나의 아버지이시다"라는 의미이며, 요엘은 "여호와가 하나님이시다"라는 의미입니다. 반면, 엘리의 두 아들들은 모두 이집트식 이름을 가지고 있습니다. 홉니는 이집트어로 "올챙이"라는 의미이며, 비느하스는 "남부인"이라는 의미인데요. 당시는 오늘날의 미국 문화처럼 이집트 문화가 선진 문화로 인식되었기 때문에 이집트식으로 이름을 짓는 것이 유행이었던 것 같습니다. 엘리가 그런 유행을 따라 자식들에게 이집트식 이름을 주었는지는 확실하지 않지만, 분명한 것은 자식들의 이름에 자신의 신앙을 담아내지 않았다는 것입니다.

자식의 이름들로부터 판단할 때 사무엘은 자녀들에게 여호와의 신앙을 가르친 반면, 엘리는 그런 일에 소홀히 했을 가능성이 있습니다. 그렇다면 엘리가 자녀의 신앙 교육에 소홀했던 이유는 무엇이었을까요? 그것은 제사장직이 세습되었기

때문일 가능성이 높습니다. 즉 엘리는 그냥 두어도 제사장이
될 자녀들에게 굳이 신앙 교육을 시킬 필요를 느끼지 못했을
수 있습니다. 매일 보고 배우는 것이 제사를 드리는 법이기
때문에 그것으로 족하다고 생각했을지 모릅니다. 그러나 그는
사람의 마음이 경건의 모양 뒤에서 얼마나 타락할 수 있는지를
몰랐습니다. 당시 주변 나라에서도 제사장직이 세습되었었는데,
이유가 재미있습니다. 제사장 직무가 제사장 개인의 신앙과
관계없이 수행 가능했기 때문이라는 것이 그 이유입니다. 그러나
참 신을 섬기던 이스라엘의 제사장들은 하나님을 본받아 거룩한
삶을 살도록 요구되었지요. 사사 시대의 제사장들은 어느
순간부터인가 이방의 제사장들과 똑같이 되어 버린 것 같습니다.

둘째, 사무엘이 자신의 아들들을 사사로 임명했다는 것은
아비야와 요엘이 준수한 신앙인으로 성장했음을 암시합니다.
사무엘의 평소 신앙 인격과 판단력으로 볼 때, 그가 세습되지
않는 사사직에 아들들을 임명한 것은 요엘과 아비야가 그
직에 적합한 신앙과 직무 능력을 지녔다고 판단했기 때문일
것입니다. 아울러 사무엘은 그들에게 전권을 이양하기 전에
브엘세바에서 경험을 쌓도록 합니다. 어떤 분들은 "(사무엘의
아들들이) 브엘세바에서 사사가 되니라"(삼상 8:2)라는 말씀을
근거로, 사무엘의 사사직을 이어받은 아비야와 요엘이
브엘세바에서 이스라엘 전체를 통치했다고 주장하는데요.
실은 그렇지 않습니다. 브엘세바는 이스라엘 최남단의
도시입니다. 만약 아비야와 요엘이 온 이스라엘을 다스리는
책임을 맡았다면 브엘세바는 적절하지 못한 통치 수도입니다.
그들이 브엘세바에서 사사가 되었다는 말은 사무엘이 처음부터
아들들에게 온 이스라엘을 다스릴 전권을 준 것은 아님을 보여
줍니다. 사무엘은 그들이 브엘세바에서 사사로서 경험을 쌓도록
배려한 것입니다. 이 모든 것은 사무엘이 아들들의 교육에 깊이
관여했고, 아비야와 요엘도 사무엘의 뒤를 이을 만큼 준수하게
성장했음을 보여 줍니다.

셋째, 사무엘의 아들들의 죄는 엘리의 아들들의 죄와 성격이
달랐습니다. 엘리의 아들들의 죄는 하나님께 바쳐진 제물을

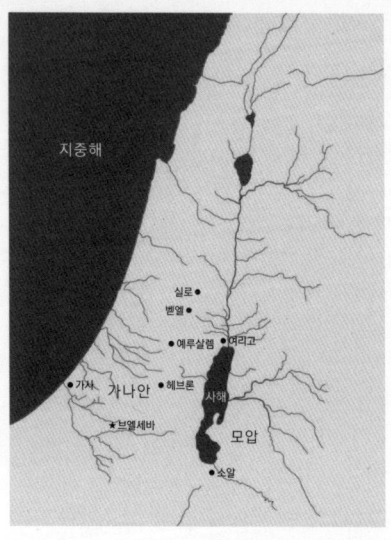

도적질하고 성전에서 일하는 여인과 동침한 것이었는데, 성경 저자는 이것을 단순히 윤리적인 죄가 아니라 하나님의 본질을 모독하고 거부한 죄, 즉 용서받지 못할 죄로 규정합니다(삼상 3:13-14 참조, 아울러 이 책의 36장도 참조할 것). 반면 사무엘의 아들들의 죄는 뇌물을 받고 공정하지 못하게 재판한 것(삼상 8:3)으로, 윤리적인 죄에 해당합니다. 그리고 그런 죄는 누구나 범할 수 있는 것입니다. 요엘과 아비야도 재물과 온정의 유혹을 순간 참지 못하고 범죄했을 가능성이 있습니다. 하지만 성인 아들이 지은 윤리적인 죄에 대한 책임을 부모에게 물을 수는 없겠지요. 요엘과 아비야의 죄가 순간의 실수였고 대체로 그들이 공정하게 통치했다는 사실은 사무엘의 고별 설교에서 더욱 분명해집니다(삼상 12:2-3 참조). 그럼에도 불구하고 사무엘의 아들들이 저지른 죄는 이스라엘 장로들에게 사무엘의 리더십을 거부할 빌미를 제공합니다.

요약하면, 사무엘의 아들들은 엘리의 아들들처럼 처음부터 '불량자', 즉 하나님을 모르는 사람으로 성장한 것이 아니었습니다. 그들은 이스라엘의 사사직을 수행할 정도로

아버지로부터 신앙의 훈련을 잘 받았습니다. 그들이 순간
실수하여 윤리적인 죄를 범했지만, 그렇다고 사무엘이 자식
교육에 실패했다고 말할 수는 없을 것입니다. 사무엘 자신도
부모의 신앙으로 만들어진 사람입니다. 어머니의 기도
가운데 성장한 사람입니다. 그렇다고 사무엘이 완벽한 사람은
아니었지요. 그가 세습해서는 안 되는 사사직을 아들에게 준
것은 분명한 실수입니다. 그러나 그런 실수가 하나님이 사무엘을
위대하게 사용했으며, 그 사무엘이 믿음으로 기른 아들들이
아버지의 선한 뜻을 이어 갔다는 사실을 감출 수는 없습니다.
부모의 신앙이 자식의 신앙을 '결정'하는 것은 아니지만,
자녀들을 믿음으로 기르면, 그 자녀들이 참된 신앙의 사람으로
성장할 가능성이 매우 큰 것만은 분명합니다.

10. 선견자와 선지자는 어떻게 다른가요?

사무엘상 9장 9절은 선견자(先見者, Seer)와 선지자(先知者, Prophet)의 차이를 이렇게 설명하고 있습니다.

> 옛적 이스라엘에 사람이 하나님께 가서 물으려 하면 말하기를 선견자에게로 가자 하였으니 지금 선지자라 하는 자를 옛적에는 선견자라 일컬었더라.

이 구절에 따르면 선지자와 선견자는 같은 직을 가르치는 다른 용어입니다. 선견자가 보다 오래된 용어이고, 선지자는 나중에 나온 용어라는 것이지요. 그러나 성경을 전체적으로 관찰하면 선견자와 선지사 사이에 보다 근본적 차이가 있음을 알 수 있습니다. 이번에는 선견자와 선지자에 차이에 대해 알아봅시다.

선견자가 선지자로 바뀌게 된 것은 이스라엘에 왕정이 들어서면서부터입니다. 이스라엘은 가나안 정복 후 300여 년을 사사들이 통치하는 부족 연맹체였다가 사울과 다윗 때에 비로소 왕이 다스리는 왕국으로 발전합니다. 그러나 하나님이 이스라엘에 허락하신 왕정은 주변국의 왕정과 이념적으로 매우 다른 것이었습니다. 고대 근동 국가에서는 왕이 곧 신인 신성 왕정이었다면 고대 이스라엘에서는 왕이 하나님을 대신해 백성을 통치하는 대리 왕정이었습니다. 신성 왕정에서는 왕이 말하는 것이 법이었고, 왕의 뜻하는 바가 최고선이었지만 고대 이스라엘에서는 왕이라도 하나님의 율법에 순종해야 했습니다. 이스라엘의 왕은 자기 뜻이 아니라 하나님의 뜻을 이루는 자가 되어야 했습니다. 이런 대리 왕정 이념과 짝을 이루는 제도가 이스라엘의 선지자 제도인데요. 선지자는 왕이 하나님 말씀을 위반하면 그에게 찾아가 경고하고, 듣지 않을 때에는 심판을 선포하는 자였습니다. 왕은 선지자의 말이 아무리 마음에 들지 않아도 선지자를 함부로 해하거나 죽일 수 없었습니다. 왕정이 처음 생길 때 하나님과 백성들 앞에서 왕은 선지자를 통한 하나님의 말씀에 순종하겠다고 서약했기 때문입니다. 이런 관점에서 볼 때 왕정 시대 선지자의 가장 중요한 사명은 하나님의 말씀을 왕에게 대변하는 것이었습니다. 이사야가 처음 선지자로 부름받았을 때 스랍 천사가 내려와 그의 입에 숯불을 댄 것(사 6:7)이나 예레미야가 처음 선지자로 부름받았을 때 하나님이 손을 내밀어 그의 입술을 만지신 것(렘 1:9)은 말씀 대언자로서의 선지자들의 사명과 관계있습니다.

한편 선견자는 왕정 시대 선지자의 전신에 해당합니다. 선견자의 주된 사회적 기능은 백성들의 문제를 신적 능력으로 해결해 주는 일이었습니다. 왕정 이전에 활약했던 선견자들이 이스라엘에 왕정이 들어서면서 조금 다른 기능을 가진 선지자로 발전했던 것입니다. 이 둘은 성경에서 모두 하나님의 사람이라는 명칭으로 불리지만, 선견자의 핵심 사명은 말씀 사역이 아니라 이적 사역이었습니다. 기적을 통해 이스라엘 백성의 문제를 해결하는 것이었습니다. 당시 이스라엘 백성은 홀로 해결하기 힘든 문제를 만나면 하나님의 기적을 기대하면서 선견자에게 찾아갔습니다. 사무엘상 9장 9절이 증거하는 옛 어법 "선견자에게로 가자"라는 말이 바로 그런 관행을 잘 보여 줍니다. 따라서 왕정 이후의 선지자를 "말씀을 대언하는 자"라고 한다면, 왕정 이전의 선견자는 "기적을 행하는 자"라고 말할 수 있을 것입니다. 예를 들어 사무엘상 9장에서 사울과 그의 종은 잃어버린 당나귀의 행방을 묻기 위해 선견자 사무엘을 찾아갑니다. 그때 빈손으로 찾아가지 않고, 선물을 들고 갑니다.

한편 이런 기적 사역이 이방의 점술가의 사역과 다르지 않다고 생각될 수 있습니다. 물론 비슷한 점이 있습니다. 그러나 비슷한 점이 있다고 선견자의 사역을 점술 행위로 폄하해서는 안 됩니다. 고대 이스라엘 사회는 오늘날처럼 사회적 기능이 복잡하게 분화되지 않은 사회였습니다. 직업들이 다양하지 못했고, 의료와 과학 기술이 발달되지 않은 사회였습니다. 일반 백성이 몸이 갑자기 아프거나 결혼한 부부에게 오랫동안 아이가 생기지 않을 때, 이웃과 심각한 분쟁에 휘말렸을 때, 혹은 인생에 매우 중요한 결정을 해야 할 때, 그들이 의존할 '전문가'들이 없었습니다. 그때는 병원도, 불임클리닉도, 분쟁해결 변호사도, 전문 상담가도 없었습니다. 또한 예루살렘에서 왕을 섬겼던 제사장들은 제사 이외의 문제로 일반 백성을 상대하지 않았습니다. 이런 상황에서 어려움에 처한 백성이 의존할 수 있는 유일한 사람이 선견자였습니다. 즉 선견자의 기적 사역은 현장에서 백성을 돕는 매우 중요한 목회 사역이었습니다. 그리고 하나님께 받은 은혜에 대한 보답으로 백성이 선지자를 물질로 대접하는 것은 충분히 이해할 수 있는 일이었습니다. 이처럼 왕정을 기준으로 선견자와 선지자를 나눌 수 있지만, 왕정 시대의 선지자들이 선견자의 이적 사역을 감당하지 않은 것은 아닙니다. 하나님이 그들에게 왕에 대한 특별한 경고나 심판의 말씀을 주시지 않을 때는 백성의 삶을 돌보았습니다. 예를 들어 엘리사는 여호람 왕과 예후 왕에게 하나님의 말씀을 대언했을 뿐 아니라 불임이었던 수넴 여인이 자식을 낳도록 기도해 주기도 했습니다 (왕하 4장 참조).

이번 장에서는 선견자와 선지자가 각각 기적을 행하는 자와 말씀을 대언하는 자로서의 기능을 가졌음을 살폈습니다. 이런 선견자와 선지자의 사역은 참된 하나님의 사람인 예수님의 사역을 미리 보여 주는 것입니다. 2,000여 년 전에 유대 땅에 오신 예수님은 이 땅에서 말씀 사역과 기적 사역을 병행하셨습니다. 그리고 그의 사역은 이미 임하신 하나님의 나라를 증거하는 것이었습니다. 그리스도를 믿는 우리들도 그리스도의 선견자, 선지자 사역을 계승한 사람들임을 기억하고, 내 주변 사람들과 말씀과 삶을 나누는 일에 게으르지 맙시다.

11. 구약 시대 사건들의 서기 연도는 어떻게 계산한 것인가요?

오늘날 우리는 서기 연도를 사용합니다. 서기 연도는 예수 그리스도의 탄생을 원년으로 그전을 BC(Before Christ), 즉 주전 연도, 그 후를 AD(Anno Domini), 즉 주후 연도로 표기하는 것을 말합니다. 그러나 잘 아시다시피 성경 어디에도 우리가 사용하는 서기 연도는 나와 있지 않습니다. 그런데도 우리는 구약의 주요 사건들의 연도를 서기 연도로 알고 있는데요, 예를 들어 북이스라엘이 아시리아에 멸망한 해는 주전 722년이고, 예루살렘이 바빌로니아에 의해 멸망당한 해는 주전 586년 입니다. 심지어 17세기 아일랜드의 추기경 제임스 웃셔는 성경 연대를 계산해 천지창조의 날짜를 주전 4000년 10월 22일로 추정했습니다. 이런 서기 연도들은 어떻게 계산된 것일까요? 이번 장에서는 이 질문에 답해 봅시다.

솔로몬의 아들 르호보암 때에 통일 이스라엘이 북이스라엘과 남유다로 갈라지게 됩니다. 이때가 분열왕국 시대의 시작인데, 이 시대의 역사 기록인 열왕기서는 남북 왕들의 상대 연도를 제공합니다. 예를 들어, 열왕기하 12장 1절에는 전형적인 상대 연도가 기록되어 있습니다. "예후의 제칠년에 요아스가 왕이 되어 예루살렘에서 사십 년간 통치하니라." 이 구절에 따르면 우리는 북이스라엘의 왕 예후 통치 7년이 남유다의 왕 요아스 통치 1년임을 알 수 있습니다. 그러나 이런 상대 연도만으로는 서기 연도를 알 수 없지요.

따라서 학자들은 주변국의 역사 실록에서 도움을 얻습니다. 이 가운데 가장 중요한 것이 림무 실록입니다. 주전 9세기부터

8세기까지의 아시리아 연명(year name)과 그해 일어난 기억할 만한 사건을 기록한 실록입니다. 이 림무 실록을 통해 알 수 있는 사건들 중 하나는 '부르사갈레 년, 시마누 달에 개기 일식이 발생했다'는 사실입니다. 천문학자들은 그때를 서기 연도, 즉 주전 763년 6월 15일로 특정할 수 있었습니다. 이 시점을 축으로 학자들은 아시리아의 역사와 바빌로니아의 역사를 모두 서기 연도로 환원했습니다. 그다음 아시리아나 바빌로니아 제국의 사료에 언급된 사건들 중 고대 이스라엘과 관련된 사건이 있는지 살폈습니다. 왜냐하면 이제 메소포타미아의 역사가 서기 연도로 환원 가능하니까 아시리아 혹은 바빌로니아 실록에 기록된 역사적 사건이 성경에 언급되면 그 성경 사건도 서기 연도로 환원 가능할 것이기 때문입니다. 이와 같은 방식으로 성경 사건 중 처음 서기 연도가 붙여진 사건은 주전 701년 아시리아 왕 산헤립이 유다의 라기스를 침공한 사건입니다. 이 두 사건은 성경과 메소포타미아의 사료에 동시에 언급되어 있습니다. 이렇게 서기 연도가 붙여진 성경의 사건들은 또 하나의 기준점이 되어 다른 성경 사건들의 연도를 계산할 수 있게 된 것입니다.

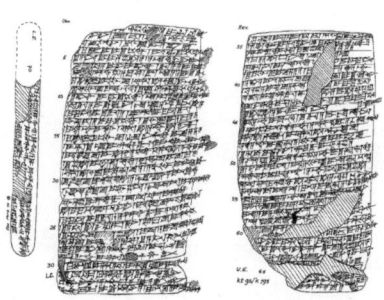

그러나 구약 성경이 서술하는 역사 전체가 서기 연도로 정확하게 환원될 수 있는 것은 아닙니다. 이스라엘 왕정 시대부터는 비교적 정확한 서기 연도가 계산 가능하지만 그 이전의 역사 사건들의 서기 연도는 매우 불확실합니다. 이런 사정은 고대 근동 사료의 사정도 마찬가지여서, 고대 근동에서 주전 1400년 이전의 사건들은 학자들에 따라 적게는 수십 년에서 크게는 수백 년 이상의 연도 차이를 보입니다. 이 같은 경우의 대표적인 예가 성경의 출애굽 연도입니다.

출애굽 연도를 계산할 때 가장 중요한 성경 구절은 열왕기상 6장 1절인데요. 이 구절에 따르면 솔로몬이 성전을 짓기 시작한 해인 '솔로몬 4년'이 출애굽 후 480년이 되던 해임을 알 수 있습니다. 그렇다면 '솔로몬 4년'을 서기 연도로 환산하면 주전 966년이니까 열왕기상 6장 1절이 증거하는 숫자를 문자 그대로 믿는다면, 출애굽의 연도는 주전 1446년이 되는 셈입니다. 그러나 이 연도가 세계사적 흐름과 고고학적 증거와 잘 조화되지 않는다고 주장하는 학자들은 열왕기상 6장 1절의 480년을 한 세대를 상징하는 40년이 12번 순환한 시기로 이해합니다. 다시 말해, 480년을 문자적으로 받아들이지 않고, 상징적 숫자로 이해한다는 것입니다. 그리고 한 세대를 25년으로 계산해, 출애굽 연도를 주전 1266년으로 추정합니다. 실제로 주전 1260년에는 이집트 19왕조의 람세스 2세가 라암셋과 비돔을 건설 중이었습니다. 이집트 19왕조 이전에는 이집트에서 리암셋(=람세스)이라는 용어 자체가 없었습니다. 더군다나 가나안 도시들이 외부의 침략에 의해 파괴된 흔적들이 나타난 때도 주전 13세기 말입니다. 이처럼 주전 1266년은 비록 열왕기상 6장 1절의 480년을 상징적으로 이해하여 얻어진 것이지만, 일반 세계사나 고고학적 증거와 더 잘 조화되는 장점이 있습니다. 이 때문에 오늘날 복음주의 학자들은 이 두 서기 연도를 모두 가능한 출애굽 연도로 인정합니다. 그러나 이 둘 사이의 연도 차이가 200년에 가깝다는 사실은 왕정 시대 이전에 발생한 성경 사건들의 정확한 서기 연도를 계산하는 것이 얼마나 어려운지 잘 예증해 줍니다.

12. 다윗은 왜 자신을 저주한 시므이를 살려 두었을까요?

솔로몬이 왕이 된 직후 베냐민 사람 시므이는 "기드론 시내를 건너지 말라", 즉 예루살렘을 떠나지 말라는 명령을 듣게 됩니다. 그런데 3년 후 도망간 자신의 종을 찾기 위해 예루살렘을 벗어나 블레셋의 가드로 갔다가 솔로몬에 의해 죽임을 당합니다.

솔로몬에 의해 죽임당한 시므이는 어떤 인물이었나요? 그가 성경에 처음 등장한 시기는 다윗이 압살롬을 피해 요단 강을 건너기 직전입니다. 시므이는 예루살렘을 버리고 도망가는 다윗을 저주하며 다윗에게 돌을 던집니다(삼하 16:5-6). 시므이가 베냐민 사람이었다는 사실로 보아, 다윗으로 인해 왕위를 빼앗긴 사울 지파(=베냐민 지파)의 불만이 시므이를 통해 표출되었던 것 같습니다. 그런데 재미있는 것은 다윗이 압살롬을 진압했을 때 시므이가 보인 태도입니다. 그는 요단 강을 건너 예루살렘으로 돌아가려는 다윗에게 나아와 자신의 죄를 고백하고 용서를 구합니다. "주여, 원하건대 내게 죄를 돌리지 마옵소서 … 저는 제가 죄인인 줄 잘 압니다"(삼하 19:19-20). 그래서 그때 다윗은 요압의 반대에도 불구하고 시므이를 살려 줍니다. 이런 시므이가 다시 성경에 등장하는 때는 다윗의 유언 가운데입니다. 다윗은 죽기 직전 솔로몬에게 시므이를 죽일 것을 조언합니다. 왜 다윗은 이제 와서 시므이를 죽이라고 명령하는 것일까요? 이 문제는 잠시 후에 다루도록 하겠습니다. 우선 솔로몬이 다윗의 유지를 받들기 위해 시므이를 예루살렘 안에 감금시킨 것에 대해 생각해 봅시다. 솔로몬은 시므이에게 예루살렘을 떠나면 죽을 것이라고 경고합니다.

> 너는 분명히 알라 네가 나가서 기드론 시내를 건너는 날에는
> 반드시 죽임을 당하리니(왕상 2:37).

당시 예루살렘의 면적이 어느 정도였기에 그 안에서만 생활하는 것이 어떻게 시므이에 대한 '처벌'이 되었을까요? 오늘날의 예루살렘을 생각하면, 그 안에 머물러 사는 것이 크게 불편할 것 같지 않습니다. 그러나 다윗 시대의 예루살렘은 현대 예루살렘의 'Old City', 즉 구도심의 남동쪽 성벽 밖에 위치한 지역으로, 기본적으로 여부스 사람들에게서 빼앗은 성에 약간의 주거 지역이 추가된 것에 불과했습니다.

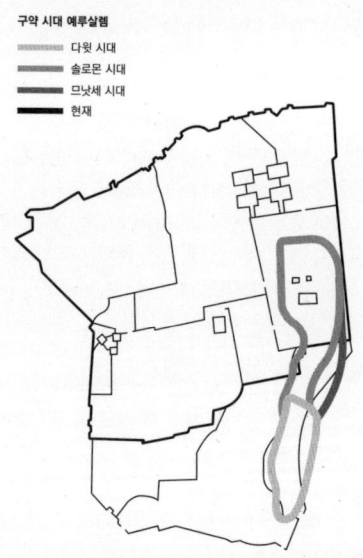

구약 시대 예루살렘
- 다윗 시대
- 솔로몬 시대
- 므낫세 시대
- 현재

15

당시 예루살렘은 동쪽에 기드론 골짜기와 올리브 산을, 서쪽에 중앙 계곡을, 그리고 남쪽에 히놈 계곡을 두어, 높은 북쪽 산지를 제외하고는 적의 침투가 용이하지 않은 요새였지만, 그 면적은 그다지 넓지 않았는데요. 브로쉬(Broshi)라는 학자의 계산에 따르면, 다윗 시대 예루살렘의 면적은 대략 6만 제곱미터, 즉 축구장 9개 정도의 크기에 불과했다고 합니다. 성전 건축과 함께

도시가 북쪽으로 확장되었던 솔로몬 시대에도 예루살렘은 14만 제곱미터, 즉 축구장 19개 정도의 크기였습니다. 세계에서 가장 작은 도시인 바티칸의 3분의 1 정도 밖에 되지 않은 면적입니다. 시므이가 예루살렘에 갇히게 된 때가 성전 건축 전인 솔로몬의 통치 초기인 점을 생각하면, 시므이가 예루살렘에서 벗어날 수 없다는 것은 매우 불편한 일이었을 것입니다. 시므이는 오늘날의 '가택 연금' 조취에 취해졌다고 해도 과언이 아닌 것이죠.

이제 다윗이 시므이를 죽이라고 솔로몬에게 조언한 이유에 대해 답해 봅시다. 왜 시므이에게 죽이지 않겠다고 맹세했음에도 불구하고 솔로몬에게 시므이의 처단을 명했을까요? 많은 사람들은 시므이의 예루살렘 연금 사건이 베냐민 지파의 거물인 시므이를 제거하기 위한 일종의 정치적 음모라고 주장합니다. 여러분은 어떻게 생각하시나요? 이 문제에 올바르게 대답하기 위해서는, 먼저 시므이가 죽는 장면이 그려진 열왕기상 2장의 문학적 문맥을 살펴보는 것이 매우 중요합니다. 열왕기상 2장은 다윗이 솔로몬에게 유언하는 장면인데요, 다윗은 이 유언을 통해 솔로몬이 맞이할 시대의 비전을 간접적으로 제시합니다. 솔로몬이 열어야 할 시대는 솔로몬의 이름 그대로 '평화와 화합의 시대'입니다. 다윗 시대 같은 국론의 분열, 지역 갈등이 더 이상 없어야 합니다. 다윗이 암살을 제안한 두 인물과 환대를 지시한 한 인물을 보면 이 내용을 금방 확인할 수 있습니다. 다윗은 요압과 시므이를 죽이라 조언하고, 바르실래는 환대하라고 지시하는데요, 요압은 남방 지파들의 이익을 대변하는 대표적인 과격파입니다. 그리고 시므이는 북방 지파들의 입장을 대변하는 인물이구요. 다윗의 때는 사울이라는 라이벌과 맞서 나라를 세워 가는 시기였기 때문에 다양한 사람들을 잘 활용할 필요가 있었습니다. 요압이 아마사를 죽였을 때에 그를 용서했던 것이나, 시므이가 피난 가는 자신을 저주했지만 나중에 다시 받아 준 것은 모두 다윗이 나라를 세우는 데 그들의 힘이 필요했기 때문입니다. 그러나 솔로몬의 시대는 평화의 시대가 되어야 했습니다. 지나치게 분파적인 이익을 대변하는 과격파들은 이런 시대에 적합하지 않습니다. 다윗에게는 필요악이었던 요압과 시므이가 솔로몬 시대에는 절대악이 된 이유가 바로 여기에 있는데요. 한편 바르실래는 요단 동편의 길르앗 출신으로 남과

북 어느 쪽의 이익도 대변하지 않는 인물이었습니다. 더구나 그는 다윗이 어려움을 당했을 때 조건 없이 도와준 매우 충성된 신하입니다. 솔로몬과 함께 평화와 화합의 시대를 열어 갈 적격의 인물이었지요. 그는 솔로몬의 왕궁에서 평화롭게 여생을 지내게 됩니다.

이런 관점에서 생각하면, 솔로몬이 시므이를 제거한 것은 사울 왕조의 잔존 세력에 대한 숙청이라는 의미보다는 신생 정부의 발목을 잡을 수 있는 구시대 인물들을 선제적으로 제거한 의미가 강합니다. 그렇다면, 이런 정치적인 다윗의 조언 그리고 그에 대한 솔로몬의 순종은 하나님의 뜻이었을까요? 하나님이 100퍼센트 인정하시는 일이었을까요? 열왕기상 2-3장의 문맥을 잘 들여다보면 반드시 그런 것은 아님을 알 수 있습니다. 열왕기상 2장은 아래로부터의 지혜, 즉 현실정치적 지혜로 솔로몬이 자신의 왕국을 견고히 세우는 내용입니다. 열왕기상 3장은 솔로몬이 하나님의 지혜를 받는 장면입니다. 이 상반된 주제를 나란히 서술함으로써 저자는 현실정치적 지혜와 하나님으로부터의 지혜를 대조합니다. 그리고 현실적인 지혜가 어느 정도 성공하는 것 같지만 결국은 솔로몬을 파국으로 이끌 것을 암시합니다. 열왕기상 2장 12절과 46절을 비교해 보면 현실정치적 지혜에 대한 성경 저자의 부정적인 평가를 읽어 낼 수 있습니다.

> 솔로몬이 그의 아버지 다윗의 왕위에 앉으니 그의 나라가 심히 견고하니라(왕상 2:12).

> 여호야다의 아들 브나야에게 명령하매 그가 나가서 시므이를 치니 그가 죽은지라 이에 나라가 솔로몬의 손에 견고하여지니라(왕상 2:46).

12절은 다윗이 죽은 직후의 상황입니다. 솔로몬이 아버지 다윗의 왕위를 이어받고, 그 나라가 "심히" 견고해졌다고 말합니다.

46절은 현실정치적 지혜, 아래로부터의 지혜로 잠재적 정적들을 제거한 후의 상황입니다. "시므이를 치니 그가 죽은지라"라는 말 바로 다음에 "이에 나라가 솔로몬의 손에 견고하여지니라"라는 평가가 따라 나옵니다. 이 두 구절을 비교하면, 46절에는 12절의 "심히"라는 말 대신 "솔로몬의 손에"라는 구절이 들어 있음을 봅니다. 아무것도 아닌 것 같지만, 매우 중요한 차이입니다. "심히 견고"했던 솔로몬의 나라가 요압, 시므이를 죽인 후에는 "견고"한 나라("심히"라는 말이 없음에 유의)가 되었습니다. 또한 그때의 견고함은 "솔로몬의 손에" 의지한 견고함입니다. "손"으로 번역된 히브리어는 보통 "힘"으로도 번역되는 것을 고려하면, 46절이 말하는 견고함은 솔로몬의 인간적 힘에 의존한 견고함이라는 말이지요. 다시 말해 정치적 목적을 위해 무고한 생명을 죽이는 일(시므이를 죽이는 것)은 아래로부터의 지혜에 따른 것이고, 그 지혜는 이어질 3장에서 솔로몬이 받게 될 위로부터의 지혜와 대조를 이루게 됩니다.

이것은 성경 저자가 사람의 생명을 정치적 목표 달성의 수단으로 삼은 '정치적 지혜'를 절대로 긍정하지 않음을 잘 보여 줍니다. 이번 장을 통해서 우리는 하나님 나라를 이루어 가는 데는 그 수단도 정의롭고 선해야 함을 알 수 있습니다.

13. 고대 이스라엘에서 노인에 대한 인식은 어떠했나요?

전체 인구 중 65세 이상의 노인 인구가 7퍼센트가 넘으면 고령화 사회라고 합니다. 우리나라도 이미 2000년대에 고령화 사회에 접어들었는데요, 이와 함께 언론에서 '노인 문제'라는 말을 많이 접하게 되면서 언제부턴가 우리에게 '노인 문제'는 익숙한 용어가 되었습니다. 노인 인구가 증가하면서 젊은이들이 부담해야 하는 사회경제적 비용이 증가하면서 노년층과 젊은층 사이의 세대 갈등 문제도 더욱 커지고 있는 실정입니다. 하지만 고대 이스라엘 사람들은 노인 인구가 늘어나는 것이 왜 문제가 되는지 잘 이해하지 못했을 가능성이 큽니다. 오늘은 구약 성경과 고대 이스라엘 사회에서 노년의 나이가 어떻게 인식되었는지를 살펴보겠습니다.

먼저 고대 이스라엘 사람들의 평균 수명을 알아 둘 필요가 있습니다. 시편 기자는 인간의 수명을 "칠십이요 강건하면 팔십"(시 90:10)이라고 말했지만, 고고학자들에 따르면 실제 고대 이스라엘의 평균 수명은 그보다 훨씬 적었습니다. 미국의 고고학자 프리드만의 계산에 따르면, 이스라엘의 왕들은 평균적으로 46년을 살았다고 합니다. 이것을 근거로 왕보다 더 열악한 환경에서 산 일반 백성들의 경우를 추정하면 그들은 평균 수명이 40세가 채 되지 않았을 가능성이 높습니다. 여자들의 평균 수명은 더 낮았습니다. 자녀를 낳다가 죽는 경우가 많았기 때문이지요.

이런 배경 때문에 성경에서는 오래 사는 것이 축복의 상징이었습니다. 노인들의 백발은 하나님의 은혜의 표지였습니다.

이사야 65장 20절은 회복될 예루살렘 시민들이 받을 축복을
그들이 누리게 될 수명으로 묘사하고 있습니다.

> 거기는 날 수가 많지 못하여 죽는 어린이와 수한이 차지 못한
> 노인이 다시는 없을 것이라 곧 백 세에 죽는 자를 젊은이라 하겠고
> 백 세가 못되어 죽는 자는 저주 받은 자이리라.

이처럼 장수하는 일이 드물었던 고대 이스라엘 사회에서
노인들이 존경과 공경을 받은 것은 너무나 당연한 일입니다.
그러나 그들이 공경받은 이유는 단순히 오랫동안 생존했기
때문은 아니었습니다. 고대 이스라엘 사회에서 노인들이
공경받은 이유는 그들이 이스라엘 공동체에서 감당하는 독특한
역할 때문이었습니다. 고대 이스라엘 사회에서 노인은 '지혜'와
'지식'의 전수자로 여겨졌습니다. 노인들은 조상으로부터 전해진
지혜와 지식을 후대인들에게 전달하는 역할을 담당했습니다.
신명기 32장 7절은 젊은이들에게 노인들에게 지혜를 구하라고
가르칩니다.

> 옛날을 기억하라 역대의 연대를 생각하라 네 아버지에게 물으라
> 그가 네게 설명할 것이요 네 어른들에게 물으라 그들이 네게
> 말하리로다.

노인들이 전수하는 지혜에는 하나님의 말씀이 포함되기 때문에
레위기 19장 32절은 노인에 대한 공경과 하나님에 대한 경외를
연결시킵니다.

> 너는 센 머리 앞에서 일어서고 노인의 얼굴을 공경하며 네
> 하나님을 경외하라 나는 여호와이니라.

이처럼 공동체에 긍정적인 역할을 감당하는 노인의 인구가
늘어나고, 젊은이들은 노인들의 가르침과 지혜를 존중하는 것이
이상적인 사회의 모습이었습니다. 반면, 혼란과 무법의 사회는
이와는 정반대의 이미지로 그려집니다. 예를 들어, 이사야
선지자는 유다에 대한 하나님의 심판을 묘사할 때, 젊은이들이
노인들에게 교만히 행하는 일을 언급했습니다(사 3:5).

지금까지 우리는 노년의 나이가 성경에서 가지는 긍정적인
측면을 살펴보았는데, 성경에는 노년의 나이를 부정적으로
묘사하는 부분도 있습니다. 이에 따르면 노년은 육체와 정신적
힘이 약해지는 때입니다. 또한 종종 영적 분별력이 떨어지는
나이이기도 합니다. 다윗이 압살롬의 반란을 피해 마하나임에서
피난 생활할 때 다윗을 도운 바르실래라는 노인이 있었습니다.
다윗이 반란을 진압하고 예루살렘으로 복귀할 때, 바르실래에게
예루살렘에 돌아가 궁에서 함께 살 것을 권유했는데 그는 이렇게
대답합니다.

> 내 나이가 이제 팔십 세라 어떻게 좋고 흉한 것을 분간할 수
> 있사오며 음식의 맛을 알 수 있사오리이까 이 종이 어떻게 다시
> 노래하는 남자나 여인의 소리를 알아들을 수 있사오리이까(삼하
> 19:35).

바르실래는 자신은 나이가 너무 많아 궁중 생활이 줄 즐거움을
느낄 수 없다고 말하는 것입니다. 이처럼 노년은 육체의

감각이 쇠하여 가는 나이입니다. 왕에게는 노년에 오는 육체적 쇠약함이 더욱 치명적입니다. 특히 늙어서 왕의 생식 능력이 없어지면, 그는 더 이상 왕으로서 역할을 수행할 수 없는 것으로 여겨집니다. 열왕기상 1장에서 아도니야가 반란하게 되는 배경이 나이가 들어 이불을 덮어도 따뜻하게 되지 않았던 다윗의 육체 상태와 연결되는데, 학자들은 이불을 덮어도 따뜻하게 되지 않았다는 말은 다윗의 생식 능력 상실을 우회적으로 표현한 것이라고 합니다.

성경에서 노년은 때때로 정신적, 영적 쇠약함과도 연결됩니다. 사무엘상 2-4장에서 나이 많은 엘리 제사장이 점점 시력을 상실해 가는 과정이 그가 영적 분별력을 상실해 가는 과정과 더불어 진행됩니다. 사무엘상 8장에서도 사무엘이 나이가 들었다는 사실과 그가 세습할 수 없는 사사직을 아들들에게 세습시켰다는 사실이 연결되어 나타납니다. "사무엘이 늙으매 그의 아들들을 이스라엘 사사로 삼으니"(삼상 8:1). 이처럼 노년은 육체적 쇠약과 함께 정신적 쇠약, 나아가 영적인 분별의 약화와도 연결됩니다. 그러나 성경에서 노년의 나이가 육체적 기능의 쇠약, 정신적·영적 분별력의 쇠약과 연결되기도 하지만 보다 일반적으로 노년의 나이는 하나님의 축복으로 여겨졌고, 노인들은 공동체에 지혜를 전수하는 자로 젊은이들의 존경과 공경의 대상이었습니다.

14. 할례는 이스라엘의 고유한 관습인가요?

출애굽기 4장을 보면 성경에서 가장 이해하기 힘든 사건이 기록되어 있습니다. 가시떨기 나무에서 모세를 부르시고, 이스라엘 백성을 구원하라고 명하신 여호와 하나님께서 갑자기 그 사명에 순종하기 위해 이집트로 돌아가던 모세를 죽이려 한 사건입니다. 십보라가 아들의 포피를 베어 모세의 발에 대지 않았다면 모세는 그 자리에서 죽었을 것이고 우리가 아는 출애굽도 없었을 것입니다. 십보라의 행위가 어떤 의미인지에 대해서는 아직도 학자들 사이에 논쟁이 있지만 분명한 것은 모세가 행하지 않은 할례를 십보라가 행했다는 것입니다. 유대인들은 이 이야기가 할례의 중요성을 교훈한다고 생각합니다. 즉 모세와 같은 위대한 지도자라도 할례를 소홀히 하면 죽게 된다는 것이지요. 또한 신구약 중간기에 헬라 사람들이 유다를 지배했을 때에 안티오쿠스 에피파네스라는 헬라 왕이 할례를 금지한 적이 있습니다. 그때 유대인들은 왕의 명령을 어기고 할례를 행하다가 죽임까지 당했습니다. 이처럼 유대인들은 할례를 목숨처럼 중요하게 생각했습니다. 왜 그랬을까요?

할례는 이스라엘 고유의 관습은 아니었습니다. 원래 고대 세계에서 널리 행해진 관습이었습니다. 주전 3,000년 전쯤 제작된 이집트의 부조에서 우리는 할례를 행하는 이집트인들의 모습을 볼 수 있습니다. 이집트인들 이외에도 암몬·모압·에돔과 같은 이방 민족들도 할례를 행했는데(렘 9:24-25), 그리스 지역에서 이민 온 블레셋 사람들만은 예외였습니다. 블레셋 사람들은 포피를 잘라 내는 관습을 행하지 않았습니다. 이 때문에 이스라엘 사람들은 블레셋 사람들을 가리켜 '할례받지 못한 자들'

이라고 조롱했습니다.

한편, 이방인들의 할례는 성인식의 일부로 치러졌습니다.
할례받은 사람은 자녀 생산이 가능한 성인으로 간주되었습니다.
성경에서 할례와 관련된 두 개의 일화가 모두 결혼과 관련
있다는 것도 이와 무관하진 않습니다. 창세기 34장을 보면 세겜
남자들이 이스라엘의 딸들과 결혼하기 위해 할례를 하는 장면이
나오고, 앞서 언급한 십보라 이야기에서도 십보라는 아들의
피 묻은 포피를 모세의 발에 갖다 대며, "당신은 나의 피 남편"
이라고 말합니다. 요약하면 할례는 이스라엘이 역사에 등장하기
오래 전부터 성인식과 관련해 고대 사회에서 널리 행해진
관습이었습니다.

그러면 이스라엘 백성은 언제부터 할례를 하기 시작했나요?
주지하다시피 아브라함 때부터입니다. 그런데 이스라엘 사회에서
고대의 할례 관습이 창조적으로 변형됩니다. 하나님은 기존의
문화적 요소였던 할례 관습을 취하여 하나님과 이스라엘 사이의
독특한 관계를 나타내는 상징으로 사용하셨습니다. 하나님은
아브라함에게 할례를 명하시면서, 그것이 이스라엘과 하나님
사이의 언약의 표지라고 말씀하셨지요. 이스라엘에서 생후
8일 만에 할례를 행했다는 것은 이것을 잘 드러내 줍니다.
이방 관습에서 할례는 생식 능력이 완성되었음을 보이는
것이기 때문에 청소년기 혹은 성년이 된 직후에 행해졌으나,
이스라엘에서는 아이가 태어나자마자 그 몸을 하나님께
헌신한다는 의미에서 생후 8일 만에 행해졌습니다. 생후 8일은
아이 몸이 자연 상태에서 할례 절차를 견딜 정도로 성장하는

기간입니다(즉 그전에 할례를 행하면, 아이가 죽을 가능성이 높았습니다). 생후 8일된 아이에게 할례를 행하는 것은 이스라엘인들이 태어나면서 언약 백성이 된다는 의미입니다. 이런 의미에서 하나님과 이스라엘 사이의 언약 표지인 할례가 "피 흘림"을 수반하는 의식이라는 점도 매우 중요합니다. 왜냐하면 하나님의 언약은 '피 흘림'에 의해 확증되고 효력을 발휘하기 때문입니다.

성경은 언약의 외적 표지인 할례에 마음의 변화가 수반되지 않으면 육체의 할례가 무가치하다고 증거합니다. 나아가 '마음의 할례'에 대해서 이야기하는데요, 예레미야 선지자는 마음의 할례와 새 언약을 연결시켜, 마음의 할례를 받지 못하면 하나님께 버림받을 것이라고 경고합니다. 육체의 할례가 그림자라면 성령을 통한 마음의 할례는 실체입니다. 육체의 할례가 옛 언약의 표지라면 마음의 할례는 새 언약의 표지이지요. 옛 언약의 표지가 피 흘림을 수반하는 것처럼 새 언약은 예수 그리스도의 피 흘림을 통해 성취됩니다.

지금까지 할례에 대한 이야기를 나누었습니다. 오늘을 사는 그리스도인들은 반드시 육체의 할례를 받아야 하는 것은 아닙니다. 그러나 마음의 굳은 부분을 도려내는 마음의 할례는 날마다 받아야 합니다. 그리스도의 보혈의 은혜로 날마다 우리의 마음의 굳은살을 도려내고 그리스도의 장성한 분량까지 자라나도록 노력합시다.

15. 블레셋은 어떤 민족인가요? 이들의 후손이 팔레스타인 사람들인가요?

출애굽 이후 광야를 방황하던 시절에 이스라엘을 괴롭혔던 민족이 아말렉이라면, 가나안 땅에 정착한 이후에 이스라엘의 주적은 블레셋 민족입니다. 드릴라와 골리앗은 우리에게도 잘 알려진 블레셋 사람입니다. 드릴라는 이스라엘 사사 삼손을 치명적인 매력으로 넘어뜨린 여자로 블레셋 민족의 입장에서는 우리의 논개와 같은 인물이었습니다. 골리앗은 키가 3미터에 육박하는 거인으로, 전쟁터에 나온 이스라엘 병사들의 간담을 서늘케 만든 장수였습니다. 이처럼 블레셋 사람들은 구약 성경에서 가장 많이 주목받는 이방인 중 하나입니다. 그렇다면 이 블레셋 사람들은 어떤 사람들이었을까요? 또 이들은 오늘날의 팔레스타인 사람들과 어떤 관계에 있을까요?

엄밀하게 말해, 블레셋은 가나안 민족이 아닙니다. 블레셋은 본래 에게 해 지역에 거주하던 그리스인이었으나 13세기에 해상 민족의 일부로 시리아-팔레스타인 지역에 정착했습니다. 처음에는 이집트까지 진출하려 했으나 그 시도가 실패하자 팔레스타인 남부 해안에 정착한 것입니다. 이집트 메디나트 하부(medinat habu)에 있는 람세스 3세의 신전 벽화에는 이집트에 정착하려 한 블레셋 민족을 이집트 왕이 몰아내는 장면이 묘사되어 있습니다. 이집트 비문에서는 이들이 필레셋(pileset)으로 표기되어 있습니다. 이집트 정착에 실패한 이들은 가나안 남부 지역에 정착했습니다. 그리고 아스돗, 가사, 아스글론, 에그론, 가드 등을 거점 도시로 삼아 이스라엘이 정착한 내륙 지역으로 세력을 넓혀 갔습니다. 블레셋이 가나안 땅에 정착한 시기는 이스라엘이 가나안 땅에 정착한 시기와 비슷하기 때문에, 정착 초기에는 블레셋이 이스라엘에 큰 위험이 되지 않았습니다. 블레셋 사람들도 새로운 환경에 적응하느라 정신이 없었을 것입니다. 하지만 시간이 흘러 인구가 증가하자, 이들은 거주지와 경작지를 찾아 이스라엘이 정착한 내륙으로 영토를 넓히려 했습니다. 블레셋의 이런 노력은 이스라엘과 군사적 충돌을 야기시켰고, 이때부터 다윗 왕이 블레셋을 완전히 몰아낼 때까지 이스라엘은 블레셋의 억압과 통치 아래 신음하게 됩니다. 블레셋은 이스라엘 마을들을 약탈했을 뿐 아니라 이스라엘의 일부 지역에 군대까지 주둔시킵니다(삼상 13:1-4 참조).

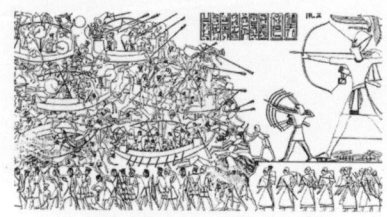

블레셋이 가나안 원주민이 아니라 에게 해 지역에서 이주해 온 그리스 사람이라는 증거는 여러 가지입니다. 첫째, 블레셋 사람들은 그리스 사람들처럼 할례를 받지 않았습니다. 구약성경에 나오는 '할례받지 못한 자'는 언제나 블레셋 사람들을 지칭합니다. 왜냐하면 이집트와 가나안 지역에서는 할례가 널리 행해졌기 때문입니다. 지중해를 건너 그리스에서 온 블레셋 사람들에게 할례는 매우 생소한 관습이었습니다. 이런 의미에서 신약 시대에는 헬라인들이 '무할례자'로 불렸다는 사실이 흥미롭습니다. 헬라인은 블레셋과 같은 민족인 고대 그리스 사람을 가리키기 때문입니다. 둘째, 돼지고기를 즐겨 먹었던 그리스인들처럼 블레셋 사람들도 돼지고기를 주식으로 삼았습니다. 이것은 돼지고기를 금기시하는 이스라엘의 식습관과 대조되는데요, 고고학자들은 어떤 유적지가 블레셋의 마을인지 이스라엘의 마을인지 구분할 때 돼지 뼈의 유무를 중요한 증거로 채택한다고 합니다. 실제로 이스라엘인들이 집중 거주한 유다와 에브라임의 중앙 산지의 마을에서는 돼지 뼈가 전혀 발견되지 않았다고 합니다. 셋째, 고대 그리스 사람들처럼 블레셋 사람들은 이성과 자유를 최대 이상으로 생각했습니다. 예를 들어, 블레셋은 왕정을 채택한 다른 가나안 국가들과 달리 다섯 도시국가의 시민 동맹체를 유지했습니다. 한 명의 전제적 왕 아래 살기보다는 시민적 자유를 선택한 것입니다. 이런 성향은 성경에 기록된 블레셋 사람들의 말에서도 잘 드러납니다. 다음은 사무엘상 4장 9절에서 블레셋 장수가 군인들의 사기를 진작하기 위해 한 연설의 일부입니다.

> 블레셋 사람들아 강하게 되며 대장부가 되라 너희가 히브리 사람의 종이 되기를 그들이 너희의 종이 되었던 것같이 되지 말고 대장부 같이 되어 싸우라.

블레셋 사람들이 가장 두려워하는 것은 누군가의 종으로 살아가는 것입니다. 전쟁에서 지면 누군가의 종으로 살아가야 하니 절대로 전쟁에서 지면 안 되는 노릇이지요. 이 점이 방금 인용한 연설에 잘 드러나 있습니다. 그리스의 역사학자 헤로도토스의 《역사》에 보존된 많은 연설문에서도 비슷한 주제가 반복되는데요. 그리스 사람들은 페르시아 제국에서 노예로 살다 죽느니, 자유인으로 싸우다 죽는 것을 택하겠다고 다짐합니다. 이것 이외에도 블레셋 사람들의 의복, 제단의 모양 등은 그들이 가나안 원주민이 아니라 그리스 지역에서 이주한 민족임을 확증해 줍니다. 골리앗이 입은 갑옷은 고대 그리스의 시인 호메로스의 《일리아드》에 묘사된 그리스 장군들의 옷을 연상시키고, 최근에 블레셋 도시 가드(현재 이스라엘 중부의 텔 차피트)에서 발견된 제단은 그리스 본토에서 발견된 제단처럼 뿔이 두 개 달린 것이었습니다.

이 모든 정황은 블레셋이 본래부터 가나안 땅에서 살았던 사람들이 아니라 그리스에서 이주해 온 민족임을 잘 보여 줍니다.

그러나 그들이 가나안 땅에 정착한 이후에는 재빠르게 가나안의 문화들을 흡수합니다. 불과 50여 년 만에 블레셋 사람들은 주거, 무덤, 그릇 양식 등 물질문화의 측면에서 가나안 사람들과 구분되지 않을 정도로 가나안 문화에 완전히 동화됩니다. 심지어 종교도 가나안 종교로 바꾸어 버립니다. 그들은 가나안의 토착신 바알의 아버지인 다곤(Dagon) 신을 섬겼습니다. 삼손이 자신의 최후를 맞이한 곳도 바로 이 다곤 신전이었습니다.

그렇다면 현대 팔레스타인 사람들은 고대 블레셋의 후예일까요? 그렇지 않습니다. 많은 사람은 '팔레스타인'과 '블레셋'의 어원이 같기 때문에 팔레스타인 사람들을 고대 블레셋 사람들과 연결시킵니다. 하지만 고대 블레셋 사람들은 에게 해에서 가나안 땅으로 이민해 온 그리스 사람들이고, 현대 팔레스타인 사람들은 오스만 투르크 제국 이래 이스라엘 땅에 살고 있는 아랍 사람들을 의미합니다. 그 아랍 사람들을 '팔레스타인 사람'으로 부르는 이유는 옛 로마가 유대인들의 영토 의식을 약화시키기 위해, 주전 132년부터 이스라엘 땅을 팔레스타인으로 부르기 시작했는데, 그 후 그것이 그 지역에 대한 공식 명칭이 되었기 때문입니다. 따라서 오늘날 현대 이스라엘 사람들과 팔레스타인 사람들 사이의 적대 관계를 성경의 이스라엘과 블레셋 사이의 적대 관계로 이해하는 것은 옳지 않습니다.

16. 다윗은 어떻게 밧세바가 목욕하는 모습을 볼 수 있었을까요?

구약 성경, 특히 레위기에서 목욕에 관한 규정들은 대개 '정결법'과 관련 있습니다. 대속죄일에 대제사장은 제사를 집행하기 전에 성소에 특별히 마련된 장소에서 몸을 씻도록 되어 있었습니다(레 16:24). 이것은 개인의 위생을 위한 것이라기보다도 제의적 정결을 위한 것이었지요. 그러나 이스라엘 사람들이 하나님 앞에 나아갈 때만 목욕한 것은 아닙니다. 이스라엘 해안 도시 악십에서 작은 조형물이 발굴되었는데, 그것은 타원형의 욕조에서 목욕하는 여인의 모습을 묘사하고 있습니다. 이번 장에서는 목욕과 관련된 성경의 에피소드 두 가지를 살펴보도록 하겠습니다. 이 두 이야기 모두 목욕하는 여인의 모습을 훔쳐보다가 곤경에 빠진 이야기입니다.

먼저 야곱의 첫째 아들 르우벤에 얽힌 이야기입니다. 창세기 49장 4절에서 야곱은 르우벤의 죄를 이렇게 묘사합니다.

> (르우벤아 너는) 물의 끓음 같았은즉 너는 탁월하지 못하리니 네가 아버지의 침상에 올라 더럽혔음이로다 그가 내 침상에 올랐었도다.

야곱은 마지막 유언에서 장남 르우벤이 자기의 첩 빌하와 동침한 사건을 지적합니다. 그러나 본문은 르우벤이 어떻게 하다 빌하와 동침하게 되었는지를 자세히 묘사하지 않습니다. 하지만 유대인들은 본문의 "물의 끓음 같았은즉"이라는 말에 힌트를 얻어, 르우벤이 나체로 목욕(물)하는 빌하의 모습을 보고 욕정이 발동해(끓음) 그녀를 범했다고 해석합니다. 신구약 중간기의 유대 저서인 《르우벤의 증언》에 이런 기록이 있습니다. "목욕하는 빌하의 모습을 보지 않았더라면 나는 이런 큰 죄에 빠지지 않았을 것이다. 빌하의 벗은 모습이 자꾸 떠올라 잠을 이룰 수 없었고, 나는 가증한 죄를 저지르고야 말았다."

목욕하는 여인의 모습을 보고 비슷한 죄를 저지른 사람이 또 한 명 있습니다. 바로 다윗인데요, 성경은 다윗의 범죄 장면을 이렇게 묘사합니다.

> 저녁 때에 다윗이 그의 침상에서 일어나 왕궁 옥상에서 거닐다가 그곳에서 보니 한 여인이 목욕을 하는데 심히 아름다워 보이는지라 … 다윗이 전령을 보내어 그 여자를 자기에게 데려오게 하고 … 더불어 동침하매…(삼하 11:2-4).

다윗은 이스라엘의 건국 영웅일 뿐 아니라 이후에 메시아의 모형으로 추앙된 인물이었기 때문에 유대인들 사이에서 다윗의 범죄는 은폐되거나 미화되어 왔습니다. 다윗 왕조의 재건을 간절히 바랐던 귀환 공동체들을 위해 쓰인 역대기에서는 밧세바 사건이 생략되어 있을 뿐 아니라 그 후 유대인들은 다윗이 밧세바와 동침한 사건의 원인을 밧세바에게서 찾으려 했습니다.
예를 들어, 다윗의 범죄를 변호하려는 사람들은 밧세바가 다윗을
유혹했다고 주장합니다. 그러나 이런 주장은 성경 본문이 말하는
바와 거리가 멉니다. 사무엘하 11장은 철저히 밧세바를 수동적
피해자로 묘사합니다. 밧세바가 수동적 피해자라는 것은 성경
저자가 사무엘하 11장에서 히브리어 동사 샬라흐를 어떻게
사용하는지를 살피면 잘 알 수 있습니다. "(사람을) 보내다"를
의미하는 이 동사는 권위를 가진 사람이 자신의 뜻을 이루기
위한 행위를 지칭하는 데, 사무엘하 11장에서 다윗의 행위들을
가리켜 무려 아홉 번이나 사용됩니다. 즉 사무엘상 11장에는
다윗이 자신의 뜻을 이루기 위한 행위들로 가득합니다. 반면
밧세바는 임신 사실을 전달한 것을 제외하고 어떤 행위의
주체로도 등장하지 않습니다.

더구나 밧세바가 다윗이 볼 수 있는 곳에서 목욕했다고 해서
그녀에게 다윗을 유혹할 의도가 있었다고 할 수 없습니다.
1년 중 당시는 왕과 군대가 전쟁터에 나가 싸우던 시기입니다.
왕이 도시에 없어야 했던 시기인 것이죠. 사무엘하 11장 1절이
보고하는 상황, 즉 다윗이 요압을 전쟁터에 보내고 자신은
성에 남았다는 사실은 매우 이례적인 것으로, 밧세바는 당시
다윗이 성에 없었을 것이라고 생각했을 가능성이 높습니다.
설령 누군가가 자신이 목욕하는 모습을 볼 수 있음을 밧세바가
알았다고 해도 그녀가 누군가를 유혹하기 위해 목욕했다고
말할 수는 없습니다. 이스라엘은 더운 아열대 기후이기 때문에
목욕은 언제나 야외에서 행해졌습니다. 특히 지붕이나 뜰에
설치된 욕조에서 사람들이 목욕하곤 했습니다. 주의를 기울여야
하는 쪽은 목욕하는 사람이 아니라 목욕하는 사람을 볼 수 있는
위치에 있는 사람들입니다. 이것은 당시 예루살렘의 도시 구조를
알면 더 쉽게 이해될 수 있습니다.

당시 예루살렘은 테라스식 도시였습니다. 집들은 평지에
지어진 것이 아니라, 산 경사면에 지어졌습니다. 다윗의 왕궁은
가장 꼭대기에 있었고, 그 아래쪽에 우리야와 같은 측근들의
집이 위치했을 것으로 여겨집니다. 다윗이 우리야를 집으로

돌려보내면서, 네 집으로 "내려가라"라고 말한 것이 이것을 증명합니다. 즉, 다윗은 자신의 거처에서 다른 집들을 쉽게 내려다볼 수 있는 위치에 있었습니다. 잘못은 평소처럼 목욕한 밧세바에게 있는 것이 아니라, 그 광경을 보고도 피하지 않고, 오히려 주목하고, 마음의 욕정을 품고, 그 욕정을 실천에 옮긴 다윗에게 있는 것이지요. 다윗과 밧세바 사건에서 과실 비율은 100 대 0입니다.

지금까지 르우벤이 목욕하는 빌하에게 눈을 머무르게 한 것, 가장 높은 곳에 살았던 다윗이 아래에서 목욕하는 밧세바에 눈을 머무르게 한 것이 문제임을 살펴보았습니다. 맞서 싸워야 하는 죄도 있지만 어떤 죄는 피해야 하는 것이 상책인데, 르우벤과 다윗은 피할 자리에서 피하지 못했던 것으로 보입니다. 오히려 마음으로 작정하고 보았지요. 다윗처럼 우리도 높은 위치에 있으면 더 큰 유혹에 노출됩니다. 지위가 높아질수록, 경제적 상황이 나아질수록 말입니다. 그때마다 말씀으로 우리의 마음을 더욱 살펴야 할 것입니다.

17. '눈에는 눈 이에는 이'가 정말 야만적인 법이었을까요?

구약의 율법 하면 비기독교인들뿐 아니라 기독교인들조차도 선뜻 수긍하기 힘들어 합니다. 뭔가 야만적이고 비인간적인 법이라는 생각부터 듭니다. 더구나 구약의 율법은 신약에서 하나님의 은혜와 대비되는 개념으로 자주 등장하기 때문에, '눈에는 눈 이에는 이'와 같은 구약 율법을 들으면 계몽되지 않은 원시사회의 법 같아서 거부감부터 생겨 납니다. 그런데 구약의 율법이 정말 야만적이고 비인간적인 법이었을까요? 구약 율법 중에 '눈에는 눈 이에는 이'로 대표되는 동해 복수법에 대해 알아봅시다.

동해 복수법이란 상대방에게 해를 당한 만큼 해를 돌려준다는 개념의 법입니다. 이 법은 레위기 24장 19-20절에 명확하게 서술되어 있습니다.

> 사람이 만일 그의 이웃에게 상해를 입혔으면 그가 행한 대로 그에게 행할 것이니 상처에는 상처로, 눈에는 눈으로, 이에는 이로 갚을지라 남에게 상해를 입힌 그대로 그에게 그렇게 할 것이며.

현대인에게는 잔인하게 느껴지는 법이지만 고대인에게는 매우 진보적인 법이었을 가능성이 있습니다. 당시 원시사회에서는 사법 체계가 확립되어 있지 않았기 때문에, 개인적 보복이 가능했을 뿐만 아니라 보복을 미덕으로 여기기까지 했습니다. 누군가가 우리 가족 중 한 명을 해하면, 그를 찾아가 보복하는 것은 매우 숭고한 일이었습니다. 그러나 이것이 때로는 문제를 일으키기도 합니다. 크게 두 가지인데요, 첫째는 보복의 정도가 피해의 정도를 지나치게 넘어서는 경우입니다. 예를 들어, 어떤 사람이 욕설을 했는데 욕설을 들은 사람이 욕한 사람의 혀를 잘랐다고 가정해 봅시다. 둘째는 보복의 악순환이 끝나지 않는 경우입니다. 보복당한 입장에서 그 보복이 정당하지 않다고 느끼면 다시 보복에 나서게 마련입니다. 이런 배경에서 나온 법이 동해 복수법입니다. 그래서 '눈에는 눈 이에는 이'로 대표되는 동해 복수법의 취지는 '네가 한대로 너에게 똑같이 갚아 주겠다'는 것이 아니라 지나친 복수와 그로 인한 복수의 악순환을 끊기 위해 만든 것입니다. 이런 관점에서 '눈에는 눈 이에는 이'라는 구호는 다음과 같이 고칠 수 있습니다. '하나의 눈에는 하나의 눈만을, 하나의 이에는 하나의 이만을.' 따라서 고대인의 관점에서 보면, 동해 복수법은 잔인한 법이 아니라 폭력의 피해를 줄이는 매우 인간적이며, 당시로는 매우 진보적인 법임을 알 수 있습니다.

동해 복수법과 관련해 또 하나 고려해야 할 것이 있습니다. 그것은 이 법이 고대 근동의 최초 성문법들에 모두 등장한다는 것입니다. 예를 들어 '눈에는 눈 이에는 이'의 원리가 성경 율법보다 수백 년이나 앞선 고대 바빌로니아의 함무라비 법전에 등장합니다. 그리고 함무라비 법전의 동해 복수법과 마찬가지로 성경의 동해 복수법도 성문법의 정신을 반영합니다. 즉, 동해 복수법은 단순히 형벌이 범죄의 질량과 동일해야 한다는 의미를 넘어, 법에 명시된 절차와 내용에 따라 범죄를 처리해야 한다는 원리를 대표합니다. 따라서 고대 근동 그리고 고대 이스라엘에서도 동해 복수법은 문자적으로만 해석되어 적용되지 않았습니다. 동해 복수법은 법이 정한 금전적 혹은 다른 형태의 보상을 긍정합니다. 법이 정한 절차에 따라 신체 상해에 대한 대안적 보상을 허용하는 것이죠. 예를 들어 어떤 사람이 임신한 아내의 배를 쳐서 낙태를 시킨 경우, 성경이나 고대 근동의 동해 복수법은 모두 죽은 아이에 대한 금전적 보상을 허용합니다.

그러나 성경의 동해 복수법과 함무라비 법전의 동해 복수법 사이에 중요한 차이점이 있습니다. 성경에서는 신분에 차별 없이 그 법을 적용합니다. 반면에 함무라비의 법전에서는 신분에 따라서 형벌의 정도가 달라집니다. 즉 똑같은 범죄라도 피해를 입은 사람이 왕이냐, 시민이냐, 아니면 노예냐에 따라서 조금씩 다른 형벌이 적용됩니다. 그러나 성경의 율법은 누구에게나 평등하게 적용됩니다. 예를 들어, 성경의 율법은 누군가가 사람을 죽였을 경우 어떤 신분의 사람이 살해되었는지에 관계없이 살인범에게 동일한 형벌, 즉 사형이 언도되지만 함무라비 법전의 경우는 귀족을 죽이면 사형이지만 노예를 죽인 경우에는 금전적 보상을 허용합니다.

지금까지 '눈에는 눈 이에는 이'로 대표되는 동해 복수법에 대해 살펴보았습니다. 이 법은 구약 성경에만 있는 특별한 법도 아니며 비인간적이거나 야만적인 법도 아닙니다. 인류 문명사에서 성문법의 발생과 함께 고안된 법이며, 이전의 개인 보복의 관습법보다 훨씬 덜 폭력적이며 인간적인 법입니다. 그 법의 취지는 범죄에 대한 형벌이 법이 정한 절차와 내용에 따른 것이어야 한다는 것입니다. 특히 성경의 동해 복수법은 모든 사람에게 평등하게 적용된다는 점에서 고대 근동의 법전보다 더 인류보편적인 가치에 가까운 것이라고 말할 수 있습니다. 이제 구약의 율법이 비인간적이고 야만적이라는 오해가 풀리셨나요?

하나님의 율법은 우리를 죽이기 위한 것이 아니라 언제나 우리에게 생명을 주시기 위한 것임을 잊지 마시기 바랍니다.

18. 야곱은 어째서 첫날밤에 레아를 라헬로 착각했을까요?

간혹 병원의 실수로 신생아가 뒤바뀌는 사건을 들어 보셨을 겁니다. 수십 년 동안 공들여 키워 온 자식이 어느 날 내 자식이 아니라는 사실을 처음 알게 되었을 때의 기분은 정말 충격일 것입니다. 그런데 성경을 보면 이와 비슷하게 충격적인 뒤바뀜의 사건이 있었습니다. 이 경우는 아이가 아니라 신부가 뒤바뀐 것이지요. 바로 야곱의 신부에 관한 이야기입니다. 야곱은 한 여인과 사랑에 빠져 그녀와의 결혼을 준비하며 7년 동안 열심히 노동했는데, 첫날밤에 신부가 뒤바뀌어 버리는 황당한 사건을 겪게 됩니다. 어찌된 일일까요?

야곱이 에서를 피해 하란에 살던 삼촌 라반의 집으로 망명해 살던 때의 일입니다. 야곱의 삼촌 라반은 야곱 못지않게 무척 꾀가 많은 사람이었습니다. 그뿐만 아니라 그는 이기적이고 탐욕스럽기까지 했습니다. 조카 야곱이 어려움에 빠져 찾아왔을 때 겉으로는 그를 환대하는 것 같았지만 실제로는 그를 착취했습니다. 라반은 야곱을 처음 만났을 때 그에게 입 맞추며 환영하는 듯했지만 그를 한 달 동안이나 무보수로 노동시켰습니다(창 29:13-15). 한 달이 지나서야 처음 생각이 난 듯 "네가 비록 내 생질이나 어찌 그저 내 일을 하겠느냐 네 품삯을 어떻게 할지 내게 말하라"고 말합니다. 이후로도 라반은 야곱의 노동의 삶을 제대로 지급하지 않았을 뿐 아니라 야곱의 소유를 자기 것인 양 취급합니다. 창세기 31장 43절은 라반이 20년 동안 자신을 위해 일한 사위 야곱에게 한 말입니다. "(네) 딸들은 내 딸이요, 자식들은 내 자식이요 양 떼는 내 양 떼요 네가 보는 것은 다 내 것이라." 이 말은 흥부전에서 놀부가 흥부에게 "내 것은 내 것이요, 네 것도 내 것이다"라고 한 말을 연상시킵니다.

그러나 라반이 야곱을 속인 여러 일 중 가장 흥미로운 것은 야곱의 첫날밤에 신부를 바꾸어 버린 일입니다. 라반에게는 두 명의 딸이 있었는데, 야곱이 사랑에 빠진 여인은 둘째 딸 라헬이었습니다. 그런데 라반은 첫날밤에 라헬 대신 첫째 딸 레아를 신혼 방에 들여보내 야곱이 레아와 첫날밤을 지내게 만들었습니다. 야곱이 받은 충격을 성경은 짧지만 매우 강렬하게 표현합니다.

> 야곱이 아침에 보니 레아라(창 29:25).

첫날밤에는 라헬인 줄 알고 사랑을 나누었는데 아침에 보니 레아였던 것이지요. 야곱이 라반에게 이 일을 따졌을 때, 라반은 "우리 지방에서는 언니보다 아우가 먼저 시집가는 일은 없다"라고 말하지만, 진짜 이유는 다른 데에 있는 것 같습니다. 라반이 그런 속임수를 써가며 레아를 야곱에게 준 이유는 창세기 29장 17절에 암시되어 있습니다. 그곳을 보면 레아는 시력이 약하고 라헬은 곱고 아름다웠다고 기록되어 있습니다.

레아가 시력이 약했다는 표현은 당시 관습에서 좀 특별한 의미가 있습니다. 유대인들 속담에 이런 말이 있습니다. '결혼할 신부를 고를 때, 제일 먼저 눈을 봐라. 눈이 아름다우면 다른 곳 볼 것

없이 결혼해라. 그러나 눈이 흐리면 몸의 구석구석을 살펴야
한다.' 이처럼 유대인들에게 눈은 한 여인의 총체적 아름다움이
드러나는 신체 부위였습니다. 레아가 시력이 약했다는 것은
레아가 정상적인 방법으로는 결혼하기 힘든 외모의 여인이었음을
보여 줍니다. 더구나 야곱이 라헬을 위해 일한 7년 동안 라반이
여전히 레아의 혼인처를 찾지 못했다는 사실도 이를 입증합니다.
따라서 라반은 아버지로서 어떤 속임수를 써서라도 첫째 딸
레아를 시집보내고 싶었겠지요.

그래도 한 가지 궁금증이 남습니다. 야곱이 첫날밤에 자신의
신부가 누구인지 전혀 몰랐다는 게 잘 이해되지 않을 것입니다.
더군다나 야곱은 7년 동안 라헬만을 바라보며 일해 왔을 텐데
첫날밤의 여인이 누구인지 구별하지 못한 것은 잘 이해되지
않습니다. 이에 대한 학자들의 다양한 설명이 있지만, 한 유대
랍비의 설명이 매우 의미심장합니다.

> 밤새도록 야곱은 그녀를 라헬이라 불렀다. 그때마다 그녀는 그에게
> "네"라고 대답했다. 그러나 아침에 깨니 그녀는 레아였다. 야곱이
> 그녀에게 "그 아버지에 그 딸이로다. 거짓말쟁이여!"라고 말했다.
> 그때 레아는 다음과 같이 대답했다. "어찌 배우는 자가 스승이
> 없겠습니까? 당신의 아버지가 당신에게 '에서야' 했을 때 당신도
> '네' 하고 대답하지 않았습니까? 그래서 당신이 '라헬아'라고
> 불렀을 때, 나도 마찬가지로 '네' 하고 대답했던 것입니다."

이 이야기에 따르면 야곱은 아버지와 형을 속인 대가를 그의
나머지 인생에서 치른 것입니다. 죄에는 형벌이 따르는 것이
하나님의 법입니다. 죄는 어떤 경우에도 하나님이 기뻐하지
않습니다. 하나님의 일을 한다는 명분이 우리에게 절대로
면죄부를 주지 않습니다. 죄는 반드시 나와 내 사랑하는
사람들에게 고통을 준다는 것을 잊지 맙시다.

19. 기드온의 병사 300명은 정말로 용사였을까요?

기드온은 이스라엘 백성을 미디안 사람들로부터 구원한 사사입니다(삿 6-7장). 그가 300명의 병사들과 함께 미디안 군대에 대항해 거둔 승리는 성도들에게 영적 짜릿함을 선사합니다. 그래서인지 우리는 교회에서 "기드온의 300용사"가 되라는 설교를 종종 듣습니다. 복음의 정예부대가 되라는 말을 기드온 300용사에 빗대어 이르는 말인데요. 물론 복음의 정예부대는 필요하지요. 할 수만 있다면 모든 교회에 그런 복음의 정예부대가 있기를 소망합니다. 그러나 문제는 기드온이 미디안 사람을 대적하기 위해 선발한 300명의 군사가 과연 '정예부대' 혹은 '용사'였는가 하는 점입니다. 여기에서는 이 문제를 함께 다루어 봅시다.

용사는 전쟁에 능한 장수를 이르는 말입니다. 예를 들어 사울, 다윗, 요나단, 골리앗, 아브넬, 요압 등이 용사로 불렸습니다. 그러나 기드온이 선발한 300명에 대해서는 성경 저자가 한 번도 "용사"라는 말을 사용하지 않았습니다. 기드온에 대해서만 용사라는 말이 사용되지요(삿 6:12). 그럼에도 불구하고 여러분은 이런 질문을 할 수 있을 것입니다. "비록 용사라는 말이 사용되지 않았지만, 그들은 수많은 사람들 가운데서 선발되었고, 수적 열세 가운데 전쟁에 나가 승리했다는 점에서 용사 혹은 정예부대로 간주할 수 있지 않습니까?" 이에 대한 대답은 그렇게 간단하지 않습니다.

먼저 기드온이 이끈 전쟁이 성전(Holy War)이었음을 기억하는 것이 중요합니다. 이것은 하나님이 전쟁에 참여할 병사의 수를

300명으로 한정한 사실에서 암시됩니다. 고대 전쟁은 전투의 성격상 병력이 많은 쪽이 유리합니다. 따라서 전쟁에 나갈 때, 가능한 많은 수의 병사를 모집하려 합니다. 단 예외가 있는데요, 바로 성전입니다. 이 전쟁은 여호와 하나님이 자신의 '이름'을 위해서 직접 싸우시는 전쟁으로, 이 전쟁의 승리는 병사의 수나 전략에 있지 않습니다! 사사기 7장 2절에서 여호와께서 "너(=기드온)를 따르는 백성이 너무 많다"고 말씀하신 것도 이런 맥락에서 이해할 수 있습니다. 즉 이스라엘의 병력을 300명으로 제한한 이유는 그들이 싸울 전쟁이 하나님에 의한, 하나님을 위한, 하나님의 전쟁, 즉 성전이기 때문입니다. 만약 많은 병력이 나가 이기면 사람들은 그 전쟁의 승리가 하나님 덕분이라기보다는 인간의 수와 전략에 의한 것이라고 생각하기 쉽겠지요. 하지만 소수의 병력이, 그것도 적군들에 비해 잘 훈련받지 못한 오합지졸이 전쟁에 나가 승리한다면, 사람들이 오직 하나님께만 영광을 돌릴 것입니다. 이것을 염두에 두고 300명이 선발되는 과정을 살펴봅시다.

하나님은 '기드온과 함께 전장에 나갈 자를 선발하겠으니 그들을 물가로 데리고 내려가라'고 명하시며 다음과 같이 말씀하십니다. "내가 너를 위하여 그들을 시험하리라"(삿 7:4). 이 구절에 근거해 어떤 분들은 기드온의 300명이 하나님의 '시험'에 합격한, 매우 특별한 자격이 있는 자들이라 주장합니다. 그러나 여기서 "시험하다"로 번역된 히브리 *차라프*는 어떤 사람이 어떤 일에 자격이 있는지 없는지를 가리는 행위가 아닙니다. "특정 목적을 위해 분류하고 고르다"라는 뜻입니다. 즉 하나님의 '시험'에

합격한 사람들은 그들에게 자랑할 만한 용사적 특질이 있어서가 아니라 그들이 하나님의 '목적'에 부합한 자들이기 때문입니다. 이런 관점에서 하나님이 어떤 사람들을 선발했는지를 살피면 재미있습니다. 사사기 7장 5절에 따르면 하나님은 "개가 핥는 것 같이 혀로 물을 핥는 자" 300명을 선발하시고, 나머지 9,700명은 돌려보내십니다. 즉 물을 핥아먹는 사람과 물을 마시는 사람을 구분하시고, 핥아먹는 자를 선택한 것입니다. 이렇게 하신 의도는 무엇일까요?

물을 '마시는' 것은 사람의 행위인 반면, 물을 '핥는' 것은 개와 짐승들의 행위입니다. 하나님이 뽑은 사람들은 이처럼 짐승 같은 행동을 한 사람들입니다. 다시 말해 하나님은 부족한 사람들을 뽑은 것이지요. 어떤 사람들은 짐승처럼 물을 핥는다는 것을 짐승처럼 싸움에 능한 자라는 뜻으로 이해합니다. 그러나 만약 이들이 싸움에 능한 정예부대라면 그들의 공적이나 그들이 죽인 적군의 숫자가 성경에 기록되었어야 하는데, 성경에는 그들의 업적에 대한 기록이 전혀 없습니다. 그들이 한 것은 횃불을 항아리에 숨겨 가지고 "기드온을 위하라. 여호와를 위하라"라고 외친 것이 고작입니다. 칼이나 창 한 번 써보지 않았습니다. 엄밀하게 말하면 병사라고 볼 수 없는 자들이지요. 그럼에도 불구하고 그들이 전쟁에서 이긴 것은 그들을 대신해 싸워 준 참된 용사 여호와가 계셨기 때문입니다. 그들이 미디안과의 전쟁에서 승리했다는 것은 그들이 용사였기 때문이 아니라 하나님이 용사였기 때문입니다. 그는 자기 이름을 위하여 자기 싸움을 하신 것입니다. 더욱 놀라운 것은 그분의 이름을 위한 전쟁(성전)이 선택받은 자들에게는 구원이 된다는 것입니다. 이 전쟁으로 이스라엘 백성은 미디안의 오랜 억압에서 해방되었습니다.

이 사건은 "여호와의 구원은 사람이 많고 적음에 달리지 아니하였느니라"(삼상 14:6)라는 요나단의 말을 생각나게 합니다. 여호와께서는 세상의 미련한 자를 택하사 지혜 있는 자들을 부끄럽게 하시고, 세상의 약한 자들을 택하사 강한 자들을 부끄럽게 하십니다. 하나님은 누구든지 불러서 원하시는 대로 쓰시는 분인데요, 능력이 부족하면 능력을 주시고, 지혜가 부족하면 지혜를 주셔서 그분의 일을 이루십니다. 기드온을 따르는 자들은 용사도 아니었고 용사일 필요도 없었습니다. 하나님은 물 한 모금도 사람답게 마시지 못하고 개처럼 핥아 먹는 오합지졸을 그의 군사로 쓰셔서 친히 승리를 거두신 것입니다. Soli Deo Gloria(오직 하나님께 영광을).

20. 입다의 딸은 번제물로 드려졌을까요?

가나안 사람들은 인신 제사 —신에게 사람을 제물로 바치는 제의—를 허용했습니다. 국가가 매우 심각한 위기에 봉착했을 때, 신에 대한 최고의 제물로 사람을 바치곤 했지요. 예를 들어, 모압 왕이 이스라엘 군대에 밀려 성이 함락당할 위기에 봉착하자 자기 맏아들을 그모스 신에게 제물로 바친 일이 성경에 기록되어 있습니다(왕하 3:26-27). 하지만 성경은 가나안 사람들이 널리 행한 이런 인신 제사 관습을 엄히 금합니다.

예를 들어, 신명기 18장 10절은 아들이나 딸을 불 가운데로 지나가게 하지 말라고 경고합니다. 여기서 '불 가운데 지나가게 하다'는 표현은 태워 드리는 제사, 즉 번제를 가리키는 숙어입니다. 인신 제사를 금하는 성경 율법의 정신은 사람의 생명이 '신'을 위한다는 명분으로 무고히 희생되어서는 안 된다는 것입니다. 그런데 이런 가증한 일을 이스라엘의 지도자가 행했다면 믿을 수 있겠습니까? 구약 성경에서 이스라엘의 사사 입다는 자기 딸을 번제로 드린 사람으로 기억되는데요. 도대체 어찌된 일이었을까요?

먼저 입다가 전쟁에 출정하기 전 어떻게 하나님께 서원했는지 알아봅시다. 입다는 다음과 같이 말했습니다.

> 주께서 과연 암몬 자손을 내 손에 넘겨 주시면 내가 암몬 자손에게서 평안히 돌아올 때에 누구든지 내 집 문에서 나와서 나를 영접하는 그는 여호와께 돌릴 것이니 내가 그를 번제물로 드리겠나이다(삿 11:30-31).

여기서 입다가 "그"를 번제로 드린다고 말하는 것으로 보아 자기 딸은 전혀 염두에 두고 있지 않음을 알 수 있습니다. 그럼에도 불구하고 그가 번제로 드리겠다고 말한 "그"가 사람일 가능성을 전혀 배제할 수 없다는 사실은 매우 불편합니다.

그러나 진짜 문제는 그다음에 일어난 일입니다. 입다가 암몬과의 싸움에서 대승을 거두고 귀향했을 때, "내 집 문에서 나와서 나를 영접하는 그는" 다름 아닌 입다의 외동딸이었습니다. 입다는 옷을 찢으며 괴로워했지만, 한번 하나님 앞에서 맹세한 것인 만큼 그도 어쩔 도리가 없었습니다(삿 11:36). 사정을 알게 된 딸은 아버지에게 그 서원대로 행하라고 말하며 다만 두 달의 여유를 주어 자기 친구들과 함께 산에 올라가 "처녀로 죽음을 인하여" (삿 11:37) 애곡하게 해달라고 청합니다. 이 이야기의 결론을 기록한 사사기 11장 39절에 대한 개역한글 번역은 다음과 같습니다.

> 두 달 만에 그 아비에게로 돌아온지라 아비가 그 서원한 대로 딸에게 행하니 딸이 남자를 알지 못하고 죽으니라.

이 번역에 따르면 입다는 서원한 대로 딸을 번제로 드린 것 같습니다. 그러나 모든 학자가 그렇게 생각하는 것은 아닙니다. 왜냐하면 히브리어 원문에는 "죽었다"라는 말이 없기 때문입니다. 39절 마지막을 원문 그대로 번역하면 "딸이 남자를 알지 못하였더라"입니다. 히브리어에서 '알다'라는 표현은 아주 친밀한 관계, 특히 부부 관계를 지칭할 때 사용되기도 합니다. 따라서 남자를 알지 못했다는 말은 입다의 딸이 단순히 처녀로서 남게 되었다는 의미가 됩니다. 또한 입다가 두 달간 산에 가서 애곡한 이유도 히브리어 원문에 따르면 "처녀로 죽는다는 사실" 때문이 아니라 "처녀로 남는다는 사실"(37절) 때문입니다(이 부분에 대한 개역개정판 성경의 번역은 일관되지 못합니다. 37절에서는 "처녀로 죽음을 인하여"로 번역되어 있는데, 39절에서는 '죽음'을 빼버리고 단순히 "남자를 알지 못하였더라"로 번역되어 있습니다). 이 모든 정황을 고려하면 그녀가 죽지 않고 하나님의 성전에 바쳐져 평생 처녀로 하나님을 봉사하다가 죽었다는 해석을 가능하게 합니다. 이런 해석은 입다 이야기를 조금 편안하게 받아들일 수 있도록 만들어 줍니다. 왜냐하면 결국 입다도 아브라함처럼 자녀를 번제로 드려야 했지만 마지막 순간에 자식을 번제로 드리지 않게 되었기 때문입니다.

하지만 이런 해석에 반대하는 학자들도 있습니다. "죽었다"라는 말은 없지만 사사기 11장 39절에 입다가 서원대로 행했다는 말이 나오니, 입다는 자신의 딸을 제물로 태워 드림으로써 서원을 이행했다는 주장입니다. 그들은 또한 당시 이스라엘 사람들이 가나안 사람들처럼 인신 제사의 효력을 믿었다고 주장합니다. 이 주장이 옳다면 우리는 입다 이야기에서 사사 시대 이스라엘의 타락상을 볼 수 있습니다. 즉 사사였지만 입다는 하나님의 율법을 어기고 가나안 사람처럼 생각하고 행동했던 것입니다. 입다는 '신'을 위한다는 명분으로 무고한 딸을 희생시킨 것을 '신앙'의 이름으로 정당화했을지 모르지만 성경 본문은 입다의 행위가 율법에 위배됨을 이야기합니다. 이런 관점에서 보면 사사 시대의 진정한 영웅은 입다나 삼손과 같은 사사들이 아니라 그런 부족한 인간 지도자들을 사용하셔서 이스라엘에 구원을 가져다주신 하나님이십니다.

우리 시대가 사사 시대 같다는 말을 많이 합니다. 이 말의 핵심은 각 개인의 생각이 하나님의 말씀의 자리를 대신한다는 것입니다. 사사 시대를 거울삼아서, 말씀대로 살고 있는지 정직하게 우리 자신을 되돌아보아야 할 것입니다. 그러면 사사 시대에 구원을 이루셨던 하나님이 분명 오늘날에도 그 구원을 이루실 것입니다.

21. 파라오는 왜 급히 요셉을 불러 꿈 해석을 시켰을까요?

성경에서 '꿈꾸는 자'라는 별명을 가진 인물이 나옵니다. 혹시 누구인지 짐작 가시나요? 네, 요셉입니다. 요셉의 인생은 꿈으로 시작해 꿈으로 끝났다 해도 과언이 아닙니다. 꿈 때문에 형제들의 미움을 사 이집트로 팔려 갔고, 또 꿈 때문에 이집트에서 총리가 될 수 있었으니까요. 여러분의 꿈도 요셉의 꿈처럼 그대로 이루어진 적이 있으신가요? 이번 장은 꿈에 대한 이야기입니다.

고대인들은 꿈을 신들이 보내 주는 것으로 믿었습니다. 따라서 모든 꿈에는 의미가 있다고 생각했습니다. 우리는 의미 없는 꿈을 흔히 '개꿈'이라고 하는데 고대인에게 개꿈은 존재하지 않았던 것입니다.

한편, 학자들은 고대인들의 꿈 이야기들을 두 종류로 구분하는데요. 하나는 그 메시지가 매우 자명해서 별다른 해석이 필요 없는 꿈입니다. 이 꿈의 예가 요셉이 직접 꾼 두 번의 꿈입니다. 첫 번째 꿈은 요셉과 그 형제들이 밭 가운데서 곡식단들을 묶고 있었는데, 형들의 곡식단들이 빙 둘러서서 요셉의 곡식단에 절하는 꿈입니다. 요셉이 다시 꾼 꿈에서는 해와 달과 열한 별들이 요셉에게 절하는데요, 이 두 꿈의 의미는 매우 자명하여 굳이 해몽가의 도움이 필요 없었습니다. 이 꿈이 쉽게 이해되었다는 사실은 그 꿈을 들은 형들의 반응에서 나타납니다. 그 꿈을 바로 알아들은 형들은 기분이 상해 "(네가) 참으로 우리를 다스리게 되겠느냐?"라고 말합니다(창 37:8).

다른 종류의 꿈은 기괴한 형상이나 사건에 관한 것으로 그 의미를 이해하기 위해서는 해몽가의 도움이 필요합니다. 특히 학자들은 이런 꿈을 '상징적 꿈'이라고 말합니다. 이런 상징적 꿈에 대한 예가 창세기 41장에 나오는 파라오가 꾼 두 번의 꿈입니다. 첫 번째 꿈은 나일 강변에서 살찌고 보기 좋은 일곱 암소들이 풀을 뜯고 있는 장면으로 시작합니다. 그런데 갑자기 앙상하고 보기 흉한 다른 일곱 암소가 살찐 일곱 암소를 잡아먹게 됩니다. 두 번째 꿈도 주요 소재가 이삭으로 바뀌었을 뿐 비슷한 내용입니다. 시들고 마른 이삭이 알차고 충실한 이삭을 잡아먹는 꿈이었습니다. 이 꿈이 해몽가를 필요로 하는 상징적 꿈이었다는 사실은 파라오가 그 꿈을 꾼 후 마음이 번민해졌고, 이집트의 모든 마술사와 지혜자를 불러 그 꿈을 해석시켰다는 사실에서 분명해집니다.

그러면 고대인들은 상징적 꿈을 꾸었을 때 그 꿈을 어떻게 해석했을까요? 먼저 고대인들이 꿈을 해석하려 했던 이유는 단순한 호기심 때문이 아니었음을 기억해야 합니다. 해석되지 않은 꿈은 그 사람에게 재앙을 가져온다는 믿음이 있었기 때문에 사람들은 꿈의 의미를 알기 위해 노력했습니다. 꿈 해석과 관련해서는 그것이 전문가의 영역이었다는 점을 이해할 필요가 있습니다. 파라오가 꿈 해석을 위해 마술사와 지혜자를 부른 이유도 여기에 있습니다. 그리고 전문가들은 '꿈 해석 교본'에 근거해 꿈을 해석했습니다. 현존하는 고대의 꿈 해석 교본을 보면 고대인들이 다양한 방법으로 꿈을 해석했음을 알 수 있습니다. 그중 하나가 '언어유희'입니다. 예를 들어 바빌로니아의 꿈 해석 교본에 이런 구절이 있습니다.

> 까마귀(아르부)를 먹는 꿈을 꾸면, 돈(이르부)을 많이 벌 것이다.

재미있는 것은 까마귀를 가리키는 바빌로니아 단어 '아르부'와 돈을 의미하는 단어 '이르부'가 매우 비슷하게 소리 난다는 점입니다. 그런데 문제는 꿈 해석 교본에 나와 있지 않는 꿈을 해석해야 하는 경우입니다. 이 경우 해몽가는 아무런 해석도 내놓지 못하거나 스스로 창조적인 해석을 해야 했는데, 이때 그 해석에 대한 책임 또한 져야 했습니다. 특히 왕의 꿈을 해석할 때 해몽가들은 더욱 긴장하게 됩니다. 왜냐하면 왕이 그들의 꿈 해석을 마음에 들어 하지 않거나 그들의 꿈 해석이 거짓으로 판명되었을 때, 그들이 죽임을 당할 수도 있었기 때문입니다. 파라오의 꿈을 들은 이집트의 지혜자들이 아무 해석도 내어놓지 않은 것도 이 때문인 것 같습니다. 여기에서 요셉과 이집트의 해몽가들 사이의 차이가 발생합니다. 요셉은 한 번도 꿈 해석 교본을 공부해 본 적이 없는 사람입니다. 즉 파라오나 그 신하들의 관점에서는 비전문가이지요. 그러나 요셉은 이집트의 최고 두뇌들이 해석하지 못한 꿈을 해석해 냅니다. 그리고 요셉은 자신의 꿈 해석 능력이 자신의 머리가 아니라 하나님께로부터 온 것임을 분명히 밝힙니다. 창세기 41장 16절에서 요셉은 "제가 할 수 있는 것이 아닙니다. 하나님께서 파라오에게 평안한 답을 주실 것입니다"라고 말합니다. 요셉의 예는 하나님의 계시가 이집트의 점술 학문(꿈도 점술의 한 수단이었음)보다 훨씬 우월함을 보여 줍니다.

그렇다면 오늘날을 사는 그리스도인들에게 꿈은 얼마나 중요할까요? 결론만 말하면 오늘날 우리가 하나님의 백성으로 살아가는 데 필요한 모든 것은 성경 안에서 발견됩니다. 그리스도가 이 땅에 오시기 전에는 하나님이 꿈·신탁·선지자의 예언 등 다양한 방법으로 우리에게 계시하셨지만, 지금은 성경 66권을 통해서 우리에게 말씀하십니다. 하나님이 꿈을 통해서는 절대로 말씀하지 않는다고 말할 수 없겠지만, 오늘날 꿈을 통한 말씀은 구속사적으로 볼 때 하나님과의 정상적인 소통 방식은 아닙니다. 심지어 꿈을 통한 계시가 빈번했던 구약 시대에도 선지자들은 꿈꾸는 자를 믿지 말라고 경고했습니다. 대신 오직 여호와를 경외하며 성경을 통해 그분의 말씀을 듣고 순종하는 것이 중요합니다.

22. 모세의 지팡이는 어떻게 뱀으로 변할 수 있었나요?

출애굽기에 지팡이가 뱀이 되는 기적이 두 번 등장합니다. 한 번은 출애굽기 4장 1-5절에, 다른 한 번은 출애굽기 7장 9-12절에 나옵니다. 비슷한 내용의 기적이지만 자세히 보면 이 둘은 서로 다른 상황에서 서로 다른 메시지를 주기 위해 행해진 것임을 알 수 있습니다. 이번 장에서는 이 지팡이가 뱀이 된 기적들에 대해 살펴보겠습니다. 먼저, 출애굽기 4장 1-5절에 기록된 기적부터 살펴봅시다.

> 모세가 대답하여 이르되 그러나 그들이 나를 믿지 아니하며 내 말을 듣지 아니하고 이르기를 여호와께서 네게 나타나지 아니하셨다 하리이다 여호와께서 그에게 이르시되 네 손에 있는 것이 무엇이냐 그가 이르되 지팡이니이다 여호와께서 이르시되 그것을 땅에 던지라 하시매 곧 땅에 던지니 그것이 뱀이 된지라 모세가 뱀 앞에서 피하매 여호와께서 모세에게 이르시되 네 손을 내밀어 그 꼬리를 잡으라 그가 손을 내밀어 그것을 잡으니 그의 손에서 지팡이가 된지라 이는 그들에게 그들의 조상의 하나님 곧 아브라함의 하나님, 이삭의 하나님, 야곱의 하나님 여호와가 네게 나타난 줄을 믿게 하려 함이라 하시고.

먼저 이 기적에 쓰인 지팡이는 모세의 지팡이라는 사실에 주목합시다. 하나님의 명령에 따라, 모세가 지팡이를 땅에 던지자 뱀이 되었습니다. 그리고 하나님의 명령에 따라 모세가 뱀의 꼬리를 잡자 뱀이 다시 지팡이가 되었습니다. 지팡이가 뱀이 되는 사건이 출애굽기 7장 9-12절에도 등장하는데요, 몇 가지 차이점이 있습니다. 먼저 여기서 사용된 지팡이는 모세의 지팡이가 아니라 아론의 지팡이입니다. 모세의 명령에 따라 아론이 지팡이를 땅에 던졌을 때, 지팡이가 뱀이 됩니다. 다른 차이점은 출애굽기 4장에서와는 달리, 출애굽기 7장에서는 모세가 뱀의 꼬리를 잡는 장면은 나오지 않습니다. 대신 아론의 지팡이가 이집트 마술사들의 지팡이를 삼키는 장면이 나옵니다. 또 다른 차이점도 있는데, 출애굽기 7장의 기적은 출애굽기 4장에서처럼 이스라엘 백성들 앞에서 행해지는 것이 아니라 이집트 왕과 그 신하들 앞에서 행해진다는 것입니다. 재미있는 것은 그 기적을 목격한 파라오와 신하들이 전혀 놀라지 않는다는 것입니다. 오히려 파라오는 이집트의 마술사를 불러 동일한 '기적'을 행하게 합니다. 이때 아론의 지팡이가 그들의 지팡이를 잡아먹지 않았으면 모세와 아론의 체면이 무척 구겨지는 상황이었습니다.

> 바로가 너희에게 이르기를 너희는 이적을 보이라 하거든 너는 아론에게 말하기를 너의 지팡이를 들어서 바로 앞에 던지라 하라 그것이 뱀이 되리라 모세와 아론이 바로에게 가서 여호와께서 명령하신 대로 행하여 아론이 바로와 그의 신하 앞에 지팡이를 던지니 뱀이 된지라 바로도 현인들과 마술사들을 부르매 그 애굽 요술사들도 그들의 요술로 그와 같이 행하되 각 사람이 지팡이를 던지매 뱀이 되었으나 아론의 지팡이가 그들의 지팡이를 삼키니라 (출 7:9-12).

왜 파라오와 신하들이 뱀이 지팡이가 되는 기적을 보고도 놀라지 않았을까요? 당시에 지팡이가 뱀이 되는 마술은 매우 잘 알려진 것이었기 때문입니다. 실제로 오늘날 이집트 남부에서 활동하는 뱀마술사들은 비슷한 마술을 재현할 수 있습니다. 코브라의 머리를 잡으면 코브라가 몸통을 꾸불거리며 저항하다가 잠시 후 막대기처럼 굳어 버린다고 합니다. 그러다가 땅에 던지면 다시 구불구불 기어가게 되고요. 아론이 땅에 던진 지팡이가 뱀이 되었을 때 이집트 왕과 신하들이 전혀 놀라지 않은 이유도 모세와 아론이 보여 준 것이 당시 잘 알려진 이집트의 뱀마술이었기 때문일 것입니다. 그러나 성경 본문은 아론의 지팡이가 뱀이 된 것이 진정한 기적임을 보여 줍니다. 이것은 아론의 지팡이가 변한 뱀이 이집트 마술사들의 지팡이가 변한 뱀을 잡아먹은 것에서 분명해집니다.

그렇다면 뱀이 된 아론의 지팡이가 이집트 마술사들의 지팡이를 잡아먹은 것에는 어떤 메시지가 숨어 있을까요? 이 질문에 대답하기 위해서는 아론의 지팡이가 뱀이 된 사건(출 7장)과 모세의 지팡이가 뱀이 된 사건(출 4장)이 가지는 다음의 차이점에 주목할 필요가 있습니다. 아론의 지팡이가 뱀이 된 기적이 쓰인 구절에는 뱀에 대한 히브리어 단어가 *타닌*으로 표기된 반면, 모세의 지팡이가 뱀이 된 기적이 쓰인 구절에는 뱀이 *나하쉬*로 표기되어 있다는 점입니다.

출애굽기 저자가 똑같은 뱀에 대해 한 번은 *타닌*을, 한 번은 *나하쉬*라는 서로 다른 히브리어를 사용한 데에는 나름의 이유가 있습니다. 그 이유는 *타닌*은 창세기 1장에 나오는 "큰 바다 생물"과 동일한 단어이고 *나하쉬*는 창세기 3장에 나오는 뱀과 같은 단어라는 사실에서 찾을 수 있습니다. 먼저 아론의 지팡이가 뱀(*타닌*)이 된 기적의 의미는 창세기 1장에서 "큰 바다 생물"(*타닌*)을 창조하신 분이 여호와 하나님이라는 사실과 관계있습니다. 고대 근동의 창조 신화에서 *타닌*은 창조주와 맞붙어 싸운 바다 생물인 반면, 창세기 1장에 등장하는 *타닌*은 여호와 하나님의 피조물에 불과합니다. *타닌*, 즉 고대 근동의 조물주가 극복해야 했던 큰 바다 생물이 창세기에서는 여호와 하나님의 피조물에 불과하다는 사실은 여호와가 얼마나 위대한 창조주이며 주권자인지를 잘 보여 줍니다. *타닌*을 만드신 하나님은 고대 근동의 어떤 신들보다도 위대하며, 이스라엘뿐 아니라 모든 민족에까지 그 주권이 미치는 분이라는 이야기입니다.

모세와 아론이 파라오와 그의 신하들 앞에 서서 지팡이를 *타닌*("뱀"; 창세기 1장의 "큰 바다 짐승")이 되게 한 것(출 7장)은 그런 하나님의 우주적 주권을 선포하는 것입니다. 또한 하나님은 단순히 이스라엘의 하나님이 아니라 이집트를 포함한 모든 나라의 주권자이심을 선포하는 것입니다. 아론의 믿음의 지팡이가 이집트 마술사의 불신앙의 지팡이를 삼킨 사건도 이를 잘 증명합니다. 이런 의미에서 출애굽은 단순한 노예 해방 운동이 아니라 하나님의 세계 구원의 출발점입니다.

한편 모세의 지팡이가 뱀이 된 기적(출 4장)에서 사용된 히브리어 단어 *나하쉬*가 창세기 3장에 나오는 뱀을 지칭한다는 사실도 흥미롭습니다. 창세기 3장에서 뱀(*나하쉬*)은 인간과 하나님 사이를 갈라놓는 역할을 하지요. 모세의 지팡이가 뱀(*나하쉬*)이 된 사건에서 중요한 내용은 모세가 그 뱀의 꼬리를 잡아 다시 지팡이로 만든다는 것입니다. 이것은 한때 인간과 하나님의 사이를 파괴했던 그 악한 뱀을 모세가 제어할 수 있음을 보여 줍니다. 재미있는 것은 그 뱀을 제어한 모세의 사역을 통해 이스라엘 백성이 다시 하나님과 친밀한 언약 관계로 들어가게 된다는 것입니다. 출애굽기 4장에 기록된 모세의 지팡이가 *나하쉬*("뱀"; 창세기 3장의 "뱀")이 되었다가 모세가 그 꼬리를 잡았을 때 다시 지팡이가 된 기적은 400년간의 노예 생활을 통해 하나님과의 관계를 포기해 버린 이스라엘 백성에게 하나님과의 언약을 다시 상기시키는 역할을 합니다.

지금까지 출애굽기에서 지팡이가 뱀이 되는 두 번의 사건이 가지는 의미를 살펴보았습니다. 서로 비슷한 기적이지만 그것이 주는 메시지는 매우 다른 것임을 알 수 있었습니다. 그러나 그 후 3,500년이 지난 지금도 그분은 온 세계를 창조하시고 통치하시며, 그의 백성과 맺은 언약을 신실히 지켜 가시는 분임은 동일합니다.

23. 선지자 호세아가 매춘부와 결혼했다고요?

구약 성경은 매춘을 엄격하게 금하고 있습니다. 고대 이스라엘에서 매춘 행위가 없었던 것은 아니지만 매춘이 사회적으로 용인된 적은 없습니다. 따라서 매춘부에 대한 사회적 인식이 좋을 리가 없지요. 특히 거룩해야 할 제사장의 경우 매춘부와 결혼하는 것이 율법으로 금지되어 있습니다. 매춘부들의 헌금을 받아서도 안 되었습니다. 그런데 제사장 못지않게 거룩해야 할 선지자가 매춘부와 결혼했다면 믿으시겠습니까?

하나님은 호세아에게 "너는 가서 음란한 여자를 맞이하여 음란한 자식들을 낳으라"(호 1:2)라고 말씀하십니다. 이 말씀을 따라 호세아는 고멜이라는 매춘부와 결혼합니다. 그런데 왜 하나님은 선지자 호세아에게 매춘부와 결혼하라고 말씀하셨을까요?

먼저 생각해야 할 것은 하나님의 명령에서 "음란한 여자"라는 말이 두 가지로 해석될 수 있다는 것입니다. 첫 번째는 음란한 성향이 있는 여인 혹은 성적으로 문란한 여인이라는 뜻입니다. 두 번째는 직업적 매춘부라는 의미입니다. 따라서 고멜이 본래부터 매춘부였는지, 아니면 문란한 여인이었다가 나중에 매춘부가 되었는지는 확실하지 않습니다. 그러나 어느 해석이 옳든지 하나님께서 호세아에게 내린 명령이 매우 파격적이라는 것만은 확실합니다.

하나님이 그런 명령을 내리신 이유는 호세아 1장 2절의 뒷부분에 명시되어 있습니다.

> 이 나라가 여호와를 떠나 크게 음란함이니라.

하나님께서는 당시 이스라엘 백성들의 우상숭배 행태를 매춘하는 호세아의 아내 고멜을 통해 예시하길 원했습니다. 본래 이스라엘은 하나님의 신부로 부름을 받았습니다. 시내 산 언약에서 하나님은 출애굽한 이스라엘 백성을 향해 "너의 나의 백성이고 나는 너의 하나님"이라고 말씀하심으로써 이스라엘 사람들을 자신의 신부로 삼으셨지요. 오늘날 우리나라의 결혼식에서는 흔히 "검은머리가 파뿌리 될 때까지 사랑하겠습니다"라는 맹세를 하는 것처럼, 고대 이스라엘의 결혼식에서 "나는 당신의 남자이고, 당신은 나의 여자입니다"라는 고백과 함께 혼인이 성사되었지요. 하나님이 시내 산에서 이스라엘에게 하신 말씀은 이스라엘을 아내로 맞으시는 혼인 서약이었습니다(렘 7:23 참조).

이렇게 하나님의 신부가 된 이스라엘은 정숙한 아내처럼 남편 하나님만을 바라보고 그분의 말씀에 순종해야 할 의무가 있었음에도 시간이 흐르면서 경제적 어려움과 다른 신들의 구애 앞에서 마음이 흔들립니다. 그리고 급기야 남편 여호와를 버리고 경제적인 풍요를 약속하는 바알과 아세라와 같은 이방신들을 숭배했던 것입니다. 호세아 선지자가 활동했던 시대는 이처럼 이스라엘 백성의 우상숭배가 매우 심했던 때입니다.

당시 북이스라엘을 다스리던 여로보암 2세는 철저하게 여호와 하나님만을 섬겼던 할아버지 예후 왕과는 달리, 이방신들에 눈을 돌렸습니다. 그는 신앙 좋았던 할아버지 왕 때 오히려 나라가 경제적으로 어려웠고 이방족의 침입이 잦았음을 상기시키면서, 능력 없는 여호와 말고 능력 있는 다른 신들을 섬길 것을 장려했습니다. 아이러니한 것은 실제로 여로보암 2세 때 이스라엘은 경제적·정치적 전성기를 누려 영토가 솔로몬 시대의

수준으로 회복됩니다. 그리고 이런 성공은 더욱 우상숭배를
부추겼지요. 비가 오나 눈이 오나, 가난할 때나 부유할 때나
여호와만을 사랑하겠노라고 서약한 신부 이스라엘이 지금
자신에게 돈과 명예를 주는 사람들과 매춘을 하고 있는 것입니다.
호세아 4장 1-2절은 이런 이스라엘 백성의 매춘 행위들을 자세히
설명합니다.

> 이 땅에는 진실도 없고 인애도 없고 하나님을 아는 지식도 없고
> 오직 저주와 속임과 살인과 도둑질과 간음뿐이요 포악하여 피가
> 피를 뒤이음이라.

호세아의 아내 고멜은 그런 이스라엘을 상징합니다. 그런데
놀라운 것은 하나님이 여전히 이스라엘을 사랑하신다는
것입니다. 이를 보여 주시기 위해 하나님은 가출하여 매음굴에서
몸을 팔던 고멜을 포주에게 몸값을 지불한 후 집으로 데려오라고
명령하십니다. 하나님은 호세아 3장 1절에서 "이스라엘
자손이 다른 신을 섬기고 건포도 괴지를 즐길지라도 여호와가
그들을 사랑하나니"라고 말씀하십니다. 또 11장 8절에서
"에브라임이여 내가 어찌 너를 놓겠느냐 이스라엘이여 내가 어찌

너를 버리겠느냐 … 나의 긍휼이 온전히 불붙듯 하도다"라고
탄식하십니다.

이처럼 호세아의 결혼 생활은 하나님과 이스라엘의 무너진
관계를 적나라하게 예증해 줍니다. 이스라엘이 하나님의 신부로
선택받았지만, 돈을 받고 다른 신들의 매춘부가 되어 버렸지요.
그러나 호세아가 매음굴에서 몸을 팔던 여인의 몸값을 지불하고
그녀와 결혼해 관계를 유지했듯이 하나님도 택하신 죄인들을
버리지 않고, 그리스도 안에서 비싼 값을 지불하고 다시 신부
삼아 주셨습니다. 예수님의 신부답게 성결하고 아름다운 삶을
살아야 할 의무가 구원받은 우리 모두에게 있음을 기억합시다.

24. 사마리아 여인은 왜 뜨거운 대낮에 물을 뜨러 갔을까요?

여러분, 우물가 하면 무슨 생각이 드시나요? 지금은 거의 사라져 보이지 않지만 그 옛날 우물가는 동네 아낙들이 빨래를 하며 수다를 떠는 공간이었지요. 그 시절이 머릿속에 떠오르는 어르신들은 아마 시원한 우물물 한 바가지 마시고 싶을지 모르겠습니다. 그런데 구약 성경에서 우물가는 우리네처럼 동네 아낙들의 공간이기도 했지만, 특별한 사회적 의미도 지닌 곳이었습니다. 미래의 신랑과 신부가 처음 만나는 장소였던 것이죠. 이삭이 리브가를, 야곱이 라헬을, 모세가 십보라를 처음 만난 곳이 바로 우물가였습니다. 요한복음 4장에서도 비슷한 만남이 벌어집니다. 사마리아 여인이 우물가에서 예수님을 만난 이야기인데요, 어쩌면 한 여인이 영적인 신랑을 만나는 장면이라고 말할 수 있을 것입니다. 이번 장은 사마리아 여인이 우물가에서 신랑 되신 예수님을 만난 이야기입니다.

예수님이 예루살렘에서 갈릴리로 가시다가 사마리아의 한 마을인 수가에 들르십니다. 여행으로 피곤하셨던 예수님은 제자들이 음식을 사러 마을에 들어간 사이, 물 길으러 나온 사마리아 여인에게 물을 달라고 부탁하십니다. 그때 여인은 물을 떠주는 대신 "유대인인 당신이 어떻게 사마리아 여인인 저에게 물을 달라고 하십니까"라고 묻습니다. 여인이 그렇게 질문한 이유는 당시 사마리아 사람들은 유대인들에게 경멸의 대상이었고 따라서 유대인들은 사마리아인과 보통 상종도 하지 않았기 때문이었습니다.

사마리아 사람들의 역사는 주전 722년 전 아시리아가

북이스라엘을 정복한 시절로 거슬러 올라갑니다. 당시 아시리아 제국은 정복한 영토에 대해 쌍방향 이민 정책을 펼쳤습니다. 즉 당시 북이스라엘 사람들의 상당수를 아시리아 제국의 변방으로 강제 이주시키는 한편, 제국의 다른 곳에 살던 이방 사람들을 사마리아 지역으로 이주하게 했습니다. 그로부터 700여 년 동안 남은 이스라엘 사람들과 타지에서 이주한 사람들이 함께 살면서 혼혈 민족을 형성했습니다. 따라서 예수님 시대의 유대인들은 혼혈 민족이었던 사마리아인들과는 상종도 하지 않았던 것입니다. 그런데 유대인인 예수님께서 사마리아 사람에게, 그것도 여인에게 말을 걸어온다는 것은 보통 일이 아니지요. 그래서 사마리아 여인이 "왜 저에게 물을 달라고 하십니까"라고 물은 것은 당연한 행동이었겠죠.

사마리아 여인 이야기를 제대로 이해하기 위해서는 구약 성경에서 우물은 남자가 신부를 혹은 여자가 신랑을 처음 만나는 공간이었다는 사실을 기억할 필요가 있습니다. 이 경우 우물로 찾아온 남자는 보통 외지인입니다. 예를 들어 야곱과 모세는 모두 고향으로부터 멀리 떠나 여행하던 중 도착한 마을의 우물에서 미래의 아내를 만나게 됩니다. 요한복음 4장 4절을 보면 예수님도 외지인으로 나옵니다. 한편, 표면적으로는 갈릴리로 가시는 길에 잠시 쉬기 위해 그곳에 들르신 것 같지만, 성경을 자세히 보면 예수님이 목적을 가지고 그 사마리아 마을에 들르신 것을 알 수 있습니다. 보통 유대인이 예루살렘에서 갈릴리로 갈 때는 사마리아를 통과하는 지름길 대신, 사마리아를 거치지 않는 우회로를 선택하지만 예수님은 일부러 사마리아 마을을 통하는 길을 선택하십니다. 예수님이 이 여인을 만나기 위해 일부러 그 마을에 들르신 것으로 생각할 수 있는 대목입니다.

한편 여인은 아무도 물 길으러 오지 않는 제육시에 물을 길으러 나옵니다. 제육시는 오늘날 시간으로 환산하면 '정오' 정도에 해당합니다. 이스라엘에서 정오는 매우 덥기 때문에 모두가 활동을 중단하고 낮잠 자는 시간입니다. 여인들이 물을 긷는 정상적인 시간은 서늘한 아침이지요. 그런데 사연 많은 사마리아 여인은 사람들의 눈을 피해 인적이 드문 정오에 물을 뜨러 온 것입니다. 하지만 하나님의 섭리 가운데 그것이 그녀에게 예수님을 만나는 기회를 제공했습니다.

이 이야기의 핵심은 예수님이 여인에게 남편을 데려오라고 말씀하시는 부분입니다. 여인은 얼버무리듯이 "남편이 없습니다"라고 대답합니다. 그때 예수님은 "너에게 남편이 없다는 말이 옳다"고 말씀하시면서, 그 여인이 말하지 않고 숨긴 개인사를 언급하십니다. "너에게는 남편이 다섯이나 있었고, 지금 있는 자도 네 남편이 아니다"라고 말입니다. 이 말씀을 피상적으로 보면, 이 여인이 다섯 번 이혼했고, 지금은 결혼도 하지 않고 남자와 동거한다고 이해될 수 있습니다. 그러나 고대 그리스어(헬라어)에서는 '남편'이라는 말과 '남자'라는 말이 동일한 단어임을 생각하면 다른 해석도 가능합니다. 즉 여인이 거쳐 간 처음 다섯 명도 남편이 아니라 그냥 '남자'일 가능성이지요. 다시 말해, 그들도 실제적으로는 합법적인 남편이 아니었을 가능성이 있는 것입니다. 그렇다면 그녀는 한 번도 제대로 된 남편을 가져 본 적이 없던 여인이었습니다. 여태껏 참된 안식을 주는 남편을 만나지 못한 것이지요. 이런 의미에서 이 여인은 방탕한 여인이라기보다 불행한 여인입니다. 또한 고대 이스라엘에서 여성은 늘 이혼을 당하는 쪽임을 고려하면 다섯 명의 '남자'를 거쳐 갔다는 여인의 과거는 '쾌락을 좇는 삶'이라기보다 삶의 풍파 가운데 부서지고 깨진 삶이었을 가능성이 높습니다. 한 번도 제대로도 남편, 자신을 진정으로 사랑하는 남자를 만나지 못한 기구한 인생이 그 사마리아 여인의 삶이었는지 모릅니다.

그런 사마리아 여인이 우물가에서 평생 갈망했지만 한 번도 만나지 못한 참된 신랑을 만났습니다. 이 여인이 만난 분은 마셔도 다시 목마를 물이 아니라, 한 번 마시면 영원히 목마르지 아니할 생수 같은 신랑이십니다. 사마리아 여인을 만나기 위해 수가의 우물가로 찾아오신 예수님께서 오늘도 참된 신랑, 참된 친구, 참된 구원자를 갈망하는 모든 사람에게 찾아오심을 잊지 말아야겠습니다.

25. 열두 지파는 언제, 어떻게 나누어진 것일까요?

열두 지파의 시작은 야곱 시대까지 거슬러 올라갑니다. 야곱이 네 명의 여인에게서 낳은 열두 아들이 이스라엘 민족을 구성하는 열두 지파의 조상이 됩니다. 공동의 역사·문화·신앙을 공유하는 이 열두 지파는 사울과 다윗, 솔로몬의 통치 아래에서 하나의 국가를 형성하지요. 이번에는 이 열두 지파가 어떻게 하나의 국가를 이루었으며, 국가가 붕괴된 후 어떤 운명에 처해졌는지에 대해 살펴보도록 하겠습니다.

창세기에 따르면 야곱은 두 명의 아내와 두 명의 첩에게서 열두 명의 아들을 얻습니다. 이들을 태어난 순서대로 나열하면 다음과 같습니다. 르우벤, 시므온, 레위, 유다, 단, 납달리, 갓, 아셀, 잇사갈, 스불론, 요셉, 벤야민. 이 중 레위는 영토를 유업으로 받지 않은 제사장 지파의 조상이 되고, 요셉은 두 아들을 통해 므낫세 지파와 에브라임 지파의 조상이 됩니다. 재미있는 사실은 정실들, 즉 레아와 라헬에게서 태어난 아들들이 이후 이스라엘 역사에서 정치적으로 중요한 지파를 이룬다는 것입니다. 레위와 유다는 레아의 아들들이고, 라헬의 아들 요셉은 므낫세와 에브라임 지파의 조상이 됩니다.

야곱의 열두 아들의 후손들이 지파로서의 정체성과 자의식을 가지게 된 때는 출애굽 이후 광야에서 방황하던 시절부터입니다. 광야에서 이스라엘 백성은 궤를 중심으로 지파별로 일정한 순서를 이루며 이동했습니다. 그리고 가나안 땅에 정착하면서는 각 지파가 영토를 영원한 유업으로 선물받게 되면서 열두 지파는 명실상부한 이스라엘의 정치적 구성단위가 됩니다. 창세기에 묘사되는 야곱의 아들들 사이의 갈등과 경쟁의 에피소드는 훗날 이스라엘이 왕국을 이루었을 때 누가 '리더 지파' 혹은 '왕의 지파'가 될 것인가를 보여 주는 이야기입니다. 창세기 37-50장에 기록된 '야곱의 열두 아들 이야기'는 '왕의 지파' 자리를 놓고 결국 다섯 지파가 경쟁할 것임을 보여 줍니다. 그 다섯 지파의 조상은 야곱의 첫째 아내 레아가 야곱에게 처음 낳아 준 네 아들들인 르우벤, 시므온, 레위, 유다와 야곱의 둘째 아내 라헬의 아들 요셉인데요. 이 가운데 민족의 리더가 될 축복을 받은 사람은 유다였습니다.

장남 르우벤은 아버지의 첩과 동침한 죄(성적인 죄)로 리더로서 자격을 잃었고, 시므온과 레위는 디나의 강간 사건(창 34장)을 처리하는 과정에서 드러난 지나친 폭력성과 과격성 때문에 리더로서의 자격을 잃었습니다. 반면 유다가 리더로 선택된 이유는 그가 완벽했기 때문은 아닙니다. 자신의 잘못을 인정하는 능력과 그 경험을 통해 더 훌륭한 사람이 되는 능력을 가졌기 때문입니다.

유다도 흠이 많은 사람이었습니다. 그는 동생 요셉을 상인들에게 파는 데에 앞장섰으며, 나중에 성적인 죄도 범합니다. 그러나 유다는 자신의 잘못을 인정하고, 자신의 행실을 고쳐 더 나은 사람이 되는 능력을 소유한 사람이었습니다. 예를 들어, 성적인 죄가 발각되었을 때 자신을 고소한 다말을 거짓말쟁이로 몰고 자신의 죄를 덮을 수 있었음에도, 유다는 자신의 죄를 공개적으로 인정함으로써 하나님의 의를 이룹니다. 이뿐만 아니라 자신의 이익을 위해 형제를 배신하는 데 앞장섰던 유다는 후에 막내 벤야민을 대신해 이집트에 인질로 남겠다고 자원하는데요, 이로써 유다가 더 이상 자신의 이득을 위해 형제를 배신하는 사람이 아님을 증명하게 됩니다. 그는 요셉을 판 것도 회개했던 것으로 보입니다. 이처럼 유다는 때로는 죄악에 빠지는 연약한 인간이었지만, 자신의 잘못을 회개하고 그것을 고쳐 새로운 사람이 될 수 있는 사람이었습니다. 하나님이 원하신 리더가 유다와 같은 사람이었다는 점은 매우 중요합니다. 왜냐하면 리더 혹은 왕에게 회개하는 능력이 없다면 그는 곧 자신이 하나님이 되어 사람들을 다스릴 것이기 때문입니다.

한편 야곱의 열두 아들의 이야기를 다룬 창세기 37-50장에서 가장 많은 분량을 차지하는 요셉이 '왕의 지파'가 되지 못했다는 점은 매우 흥미롭습니다. 상식적으로 생각하면 요셉은 열두 아들 중 가장 많은 통치자 수업을 받은 사람으로, 왕이 되어 이스라엘을 다스리기에 최적으로 여겨집니다. 그는 통치자에게 필요한 모든 재능—경제를 살리는 능력, 행정적 능력, 외교적 수완 등—을 구비하고 있어 보입니다. 하지만 하나님이 요셉을 왕의 지파로 삼지 않고, 유다를 왕의 지파로 삼은 이유는 이스라엘의 왕이 다스릴 나라는 인간 왕국이 아니라 하나님 왕국이기 때문일 것입니다. 하나님 나라의 리더에게 요구되는 최고의 덕목은 '회개의 능력', 즉 자신의 뜻을 버리고 하나님의 뜻을 따르는 것이지, 나라를 부강하게 만드는 정치·경제·외교·군사적 능력이 아니기 때문입니다.

그렇다면 왜 창세기 저자는 요셉의 이야기를 그렇게 길고 자세하게 우리에게 들려주는 것일까요? 그 이유는 크게 두 가지입니다. 첫째, 요셉은 르우벤 대신에 갑절의 축복을 받아 두 지파의 유업을 누리게 됩니다. 그의 두 아들 므낫세와 에브라임이 각각 지파를 이루지요. 이 두 지파는 이후 이스라엘 역사에서 비록 왕을 배출한 지파는 되지 못했지만, 정치적으로 가장 영향력이 있었던 지파로 기록됩니다. 그중에서도 요셉의 둘째 아들 에브라임의 후손들은 북이스라엘을 구성한 북방 열 지파의 수장 역할을 했습니다. 이처럼 요셉이 이스라엘 역사에서 가장 정치·군사·외교적으로 영향력 있는 지파를 낳았습니다. 이것만으로도 그가 야곱의 열두 아들 이야기에서 가장 많은 분량을 얻을 가치가 있어 보입니다. 둘째, 요셉은 비록 왕의 지파가 되지 못하지만, 앞으로 회복될 하나님 나라에서 매우 중요한 2인자의 역할을 하게 됩니다. 하나님 나라는 유다와 같은 사람(회개와 겸손의 사람)이 왕으로, 요셉과 같은 사람(지혜와 지식의 사람)이 2인자로 역할을 할 때 가장 큰 상승효과를 가집니다. 즉 하나님 나라는 유다와 요셉이 각자의 역할 안에서 협력하고 동역할 때 가장 번성하게 되는 것이지요.

야곱의 열두 아들 이야기는 이스라엘의 역사에서 그대로 성취됩니다. 유다 지파 출신인 다윗이 순종과 회개의 능력으로 하나님으로부터 영원한 왕조를 약속받았고, 요셉 지파들은 자신의 재능을 십분 발휘해 정치·경제·군사적으로 부강한 나라를 이룹니다. 하지만 불행히도 요셉 지파는 2인자의 자리에 만족하지 못합니다. 요셉 지파들은 다윗 왕에 협조하기를 거부하며 스스로의 왕국을 꾸려 북이스라엘을 이룹니다. 이런 유다와 요셉의 분열은 결국 두 왕국의 공멸로 이어집니다. 먼저 북이스라엘이 주전 722년 아시리아에 의해 멸망하면서 북방 열 지파가 전 세계에 흩어져 소멸하게 되었고, 그 후 남유다도 주전 586년에 바빌로니아에 의해 멸망하게 되어 전 세계에 흩어지게 됩니다. 단, 북방 열 지파의 경우와 달리 유다 지파의 경우는 민족으로서의 정체성을 잃지 않고 현재까지 그 명맥을 이어 오고 있습니다.

이스라엘의 예언자들은 메시아가 오면 열두 지파를 다시 회복시킬 것이라고 예언했습니다. 그리고 그 예언은 예수 그리스도의 사역을 통해 상징적으로 그리고 온전하게 성취되었습니다. 하나님 나라의 도래를 알리시는 예수님의 사역은 열두 제자를 모으는 일에서 시작했습니다. 열두 제자를 모으는 일이 흩어진 열두 지파를 모으는 일을 상징한다는 것은 잘 알려진 사실입니다. 이로써 우리는 선지자들이 말한 열두 지파의 회복이 문자적 이스라엘 지파를 말하는 것이 아니라,

영적 이스라엘을 말하는 것임을 알 수 있습니다. 가끔 사라진 지파들의 행방을 추적하는 사람들이 있는데, 이런 행동은 성경적으로 건전하지 못합니다. 왜냐하면 예수님 안에서 이미 열두 지파의 이스라엘이 회복되었기 때문입니다. 그리고 바로 우리가 영적 열두 지파요, 영적 이스라엘임을 잊지 맙시다.

26. 언약궤는 왜 사라졌을까요?

언약궤를 수레에 싣고 예루살렘으로 향하던 중 큰 사고가 일어납니다. 수레를 끌던 소가 갑자기 넘어지자 웃사라는 사람이 언약궤가 땅에 떨어지지 않도록 손으로 붙잡는데요, 그때 하나님의 진노가 웃사에게 임하여 그 자리에서 즉사합니다. 상식적으로 생각하면 아무 잘못도 없는 웃사의 죽음은 억울한 듯 보입니다. 그러나 이 사건은 이스라엘 종교에서 언약궤가 가지는 중요성을 잘 보여 줍니다. 이번 장은 그 언약궤에 대한 이야기입니다.

언약궤는 경우에 따라 '증거궤', '여호와의 궤' 혹은 '하나님의 궤'로 불리는데요. 가로 120센티미터, 세로 70센티미터, 높이 70센티미터 정도 크기의 나무 상자입니다. 이 궤는 특히 광야에서 방황하던 시절에 이스라엘 백성에게 매우 중요한 성물(聖物)이었습니다. 궤의 네 모서리에 붙은 황금 고리에는 언제나 두 개의 장대가 걸려 있었는데, 제사장들이 이 장대를 어깨에 메고 궤를 운반하곤 했습니다. 후에 언약궤가 솔로몬의 성전에 안치된 후에도 궤에서 장대가 제거되지 않았는데요, 이것은 하나님의 임재가 인간이 만든 성전에 국한된 것이 아님을 보여 줍니다. 즉 하나님의 임재는 언제라도 그 성전을 떠날 수 있음을 교훈하기 위함입니다.

이 궤 안에는 어떤 물건들이 들어 있었을까요? 히브리서 9장 4절에 따르면 그 안에 십계명 돌판, 만나를 담은 황금 항아리 그리고 아론의 싹 난 지팡이가 들어 있었다고 합니다. 그러나 언약궤가 솔로몬 성전에 안치될 때에는 이 중 십계명 돌판밖에 남아 있지 않은 것으로 여겨집니다. 열왕기상 8장 9절은 "그 궤 안에는 두 돌판 외에 아무것도 없으니"라고 기록합니다. 어쨌든 하나님과 이스라엘 사이의 언약을 상징하는 십계명 돌판이 궤 안에 들어 있었다는 사실은 그 궤가 주로 "언약궤"로 불린 이유를 설명해 줍니다.

그렇다면 언약궤가 이스라엘 백성에게 그렇게 중요했던 이유는 무엇이었을까요? 언약궤의 세 가지 기능과 관련 있습니다. 첫째, 언약궤는 하나님의 임재를 상징했습니다. 언약궤는 그 위에 설치된 그룹 형상(사람의 얼굴에 사자의 몸과 독수리의 날개를 가진 형상)과 함께 하나님의 보좌를 형성합니다. 가장 안쪽 공간에 우상이 설치된 이방 신전과 달리 성전의 지성소에는 하나님의 형상 대신 하나님의 보좌(언약궤와 그룹 형상)가 안치되어 있었습니다. 이처럼 하나님의 보좌의 일부로 기능한 언약궤는 하나님의 보이지 않는 임재를 상징했습니다. 이스라엘의 성물 중에서 가장 신성한 것이라 해도 과언이 아닙니다.

둘째, 언약궤는 하나님의 말씀이 흘러나오는 곳으로 이해되었습니다. 민수기 7장 89절은 이렇게 말씀합니다.

> 모세가 회막에 들어가서 여호와께 말하려 할 때에 증거궤 위 속죄소 위의 두 그룹 사이에서 자기에게 말씀하시는 목소리를 들었으니 여호와께서 그에게 말씀하심이었더라.

언약궤가 하나님의 보좌이기 때문에 그분의 말씀이 언약궤 위에서부터 나오는 것은 당연한 이야기일지 모르겠습니다. 언약궤가 말씀이 흘러나오는 원천이라는 사실은 사무엘상 3장에서 아이 사무엘이 성전에서 잠잘 때, 언약궤 곁에 누웠다는 언급에서도 확인됩니다. 사무엘이 성전의 언약궤 곁에서 잠을 청하는 행위는 하나님의 말씀을 기다린다는 의미를 지닙니다.

셋째, 언약궤는 죄 사함이 일어나는 장소입니다. 언약궤는 순금으로 된 평면 덮개로 덮여 있었습니다. 이 순금 덮개는 '속죄소'라는 이름으로 불렸는데, 그 이유는 1년에 한 번 대속죄일에 대제사장이 양의 피를 가지고 지성소로 들어와 그 덮개(속죄소) 위에 뿌렸기 때문입니다. 속죄소 위에 뿌려진 피는 이스라엘 백성의 모든 죄를 사하는 효력을 가졌습니다. 이처럼 언약궤는 죄 사함이 일어나는 장소였습니다.

요약하면 언약궤는 하나님이 우리와 함께하심의 상징이며 말씀의 샘이며 속죄의 현장입니다. 어떤 의미에서 언약궤는 우리와 친밀히 교제하시는 하나님을 보여 주지만, 다른 한편으로는 그런 하나님이 절대로 인간에 의해 소홀히 여김을 받는 존재는 아님도 가르칩니다. 그런 예가 바로 웃사가 죽임당한 사건입니다. 하나님은 우리와 매우 친밀하시지만 우리와 완전하게 다른 거룩함 그 자체이시지요. 따라서 인간이 하나님께 접근하기 위해서는 하나님이 율법에 명하신 규칙들을 철저히 지켜야 했는데, 그렇지 않을 때 하나님의 거룩함은 죄인들에게 치명적인 것이 됩니다.

솔로몬 성전에 안치된 언약궤는 얼마 후 성전에서 사라져 버립니다. 바빌로니아 사람들이 예루살렘 성전을 침공했을 때 성전의 그릇들만을 전리품으로 가져간 것으로 보아, 그때 성전 안에 이미 언약궤는 없었던 것으로 생각됩니다. 언약궤가 있었다면 그것을 그들의 마르둑 신전에 가져가 설치했을 것이기 때문이지요. 그 후 많은 사람이 언약궤를 찾기 위해 노력했지만 성공하지 못했습니다. 어떤 점에서는 아쉽지만, 하나님이 우리에게 언약궤를 남겨 놓지 않은 데에는 이유가 있는 듯합니다. 우리에게 궤가 남아 있었다면 우리는 그것을 우상으로 섬겼을 것입니다. 또한 언약궤가 진짜 보여 주려 했던 실체는 그리스도 안에서 우리에게 이미 주어졌습니다. 그리스도를 통한 하나님의 임재, 그리스도를 통한 하나님의 말씀, 그리고 그리스도를 통한 죄의 속죄에서 언약궤의 참된 의미가 성취된 것이지요. 이런 면에서 우리는 더 이상 사라진 언약궤를 찾아 헤맬 필요가 없는 것입니다.

27. 창세기 6장에 나오는 '하나님의 아들들'은 누구일까요?

노아의 홍수 이야기는 하나님의 엄중한 심판과 놀라운 구원에 관한 것이지만 많은 사람이 이 이야기의 몇 가지 요소를 가지고 기독교를 공격하는 무기로 삼습니다. 역사상 가장 오래된 공격은 하나님의 성품에 관한 것입니다. 홍수 심판을 근거로 들며 구약의 하나님은 잔인하고 분노하는 하나님이라며 공격합니다. 그러면서 구약의 하나님을 사랑을 베푸는 신약의 하나님과 전혀 다른 신이라 주장하면서 기독교의 하나님을 자의적이며 신뢰할 수 없는 신으로 폄하합니다. 그러나 이것은 홍수 이야기를 오해한 것입니다. 홍수 이야기의 결말을 살펴보면 우리 하나님은 죄를 심판하고 사람을 죽이시는 분이기도 하지만, 또한 살리시는 분임을 알 수 있습니다. 하나님의 심판과 구원의 역사를 우리가 전부 이해할 수는 없지만, 노아 홍수 이야기가 하나님의 분노 조절 장애의 이야기만은 아님이 분명합니다. 이번 이야기에서는 왜 하나님이 홍수로 인류를 멸망시켰는가에 대해 초점을 맞추겠습니다.

물론 쉽게 생각하면 인류의 죄 때문에 하나님이 홍수 심판을 일으키신 것이라 단정할 수 있습니다. 그런데 홍수 이전의 인류가 구체적으로 어떤 잘못을 했기에 하나님은 그들을 소위 '싹 쓸어' 버리셨을까요? 어떤 사람들은 가인의 살인 범죄가 홍수 심판의 원인이라고 주장합니다. 하지만 잠깐만 생각해 보면 가인이 살인을 저지른 후 홍수 심판이 임할 때까지 상당한 시간이 흘렀고, 또한 가인 이후 세대의 사람들 가운데는 상당수의 의인도 있었음을 볼 수 있습니다. 특히 아담의 셋째 아들 셋의 후손들은 인류 역사상 최초로 여호와의 이름을 부르며 하나님을 예배하는 사람이 되었습니다. 또한 셋의 후손 가운데는 이 땅에서 하나님과 동행하다가 죽음을 보지 않고 하늘로 들림받은 의인인 에녹도 포함되어 있었습니다. 노아까지 이어지는 셋의 후손들은 특별히 악인이었다고 말할 수 없어 보입니다.

홍수 심판의 원인이 가인의 죄 때문이 아니라면 가인의 후손들의 죄 때문이었을까요? 물론 성경은 가인의 후손들을 셋의 후손과 대조하면서 그들을 세속적인 사람들로 그리며, 가인보다 더 악한 사람들로 묘사합니다. 예를 들어 가인의 후손 중 라멕이라는 사람은 가인보다 훨씬 악한 살인자였을 가능성이 높습니다. 그럼에도 불구하고 그들의 죄가 홍수에 의한 전 지구적 심판을 정당화할 만큼 중대한 것이었는지에 대해서는 의문이 남습니다. 오늘날에도 잔인한 살인 사건들이 빈번히 벌어지고 있고, 또한 당시에 홍수로 셋의 의로운 후손들도 무고히 함께 희생당했다는 사실을 생각할 때 더욱 그렇습니다.

이 때문에 사람들이 주목한 성경 구절이 창세기 6장 1-4절입니다. 이 구절이 5절부터 시작되는 홍수 이야기의 도입 부분에 해당된다는 사실 때문에 사람들은 이 구절 속에 홍수 심판의 비밀이 숨어 있는 것은 아닌가 생각합니다.

> 사람이 땅 위에 번성하기 시작할 때에 그들에게서 딸들이 나니 하나님의 아들들이 사람의 딸들의 아름다움을 보고 자기들이 좋아하는 모든 여자를 아내로 삼는지라 여호와께서 이르시되 나의 영이 영원히 사람과 함께하지 아니하리니 이는 그들이 육신이 됨이라 그러나 그들의 날은 백이십 년이 되리라 하시니라 당시에 땅에는 네피림이 있었고 그 후에도 하나님의 아들들이 사람의 딸들에게로 들어와 자식을 낳았으니 그들은 용사라 고대에 명성이 있는 사람들이었더라 (창 6:1-4).

이 구절을 보면 하나님의 아들들과 사람의 딸들이 결혼하여 낳은 거인 용사 족속 네피림에 대한 내용이 나와 있습니다. 홍수 심판의 원인과 관련해 핵심적인 질문은 하나님의 아들들과 사람의 딸들이 결혼했다는 말이 과연 무슨 의미인가 하는 점입니다.

"하나님의 아들들"이라는 표현은 다양한 의미를 가질 수 있습니다. 먼저 그 표현은 다신교적 배경에서는 '일반 신'들을 의미합니다. 다신교에서는 신들도 최고신에 의해 창조되거나 최고신에 의해 잉태되어 존재하게 됩니다. 따라서 "사람의 아들들"이 일반 사람을 가리킨다면 "하나님의 아들들"은 일반 신들을 가리키는 숙어라 할 수 있습니다. 그러나 유일신교적 배경에서는 하나님의 아들들은 신들이 될 수 없겠지요. 그래서 신구약 중간 시대의 유대인들은 이들을 천사로 이해했습니다. 그리고 그들은 천사와 인간의 성적인 결합을 세상을 멸망시킬 정도의 중대한 죄로 인식했습니다 (유 1:6-7 참조).

고대 이스라엘에서는 존재 영역의 구분이 매우 중요했습니다. 영적 존재와 물질적 존재의 구분, 물질 존재 안에서도 동물계와 인간계의 구분, 동물계 안에서도 영역(하늘, 땅, 바다)에 따른 구분, 인간계 안에서도 성에 따른 구분이 매우 중요했습니다. 이 구분을 모호하게 하거나 무너뜨리는 행위는 '죄'로 간주됩니다. 예를 들어 남성과 여성의 엄연한 구분이 있는데, 남자가 여자 역할을 한다든가 여자가 남자의 역할을 하는 것, 혹은 인간이 동물과 성관계를 맺는 것 등은 살인이나 우상숭배와 마찬가지로 용서받지 못할 죄로 인식되었습니다. 이런 관점에서 보면 천사들이 인간의 딸과 결혼한다는 것은 가장 큰 죄악으로 인식될 수 있었지요. 동성애나 수간 등이 한 도시를 멸망시킬 수 있는 죄라면, 천사와 인간이 결혼하는 것은 전 지구를 멸망시킬 수 있는 죄라는 해석입니다.

그러나 이런 해석에 모두가 동의하는 것은 아닙니다. 가장 큰 문제는 천사가 인간과 결혼해서 네피림 같은 반신반인의 존재가 태어나는 것이 가능한가 하는 의문입니다. 따라서 하나님의 아들들을 왕족이나 귀족과 같은 신분 높은 존귀한 사람들로, 사람의 딸들을 평민의 딸로 해석하기도 합니다. 혹은 하나님의 아들들을 셋의 후손으로, 사람의 딸들을 가인의 후손으로 이해하기도 하지요. 하지만 이런 해석들의 근본적인 문제는 그런 결혼이 죄가 된다고 가정하더라도 그 죄가 온 지구의 사람들을 멸망시킨 홍수 심판을 정당화할 수 있는 중대한 죄인가 하는 점입니다.

이번 장에는 노아 홍수의 원인에 대해 살펴보았지만 딱 명쾌한 답은 찾을 수 없었습니다. 이처럼 성경에는 온전한 해석이 불가능해 보이는 어려운 구절들이 있습니다. 이번에 살펴본 창세기 6장 1-4절도 그중 하나일 것입니다. 이런 난해한 구절들은 우리로 하여금 하나님을 아는 지식을 늘 사모하되, 겸손하고 교만하게 되지 않도록 경고합니다. 하나님은 늘 우리의 기대와 다르게 역사하실 수 있는 분이기 때문이지요. 그러나 그럼에도 불구하고 우리는 그분을 늘 신뢰하며 살아야겠습니다.

28. 엔돌의 무당이 불러낸 사무엘의 영은 진짜 사무엘인가요?

사울은 블레셋과의 최후의 일전을 앞두고 무척 두려웠습니다. 그래서 하나님께 이 모양 저 모양으로 응답을 구해 보았지만 허사였습니다. 그는 두려움 때문에 결국 하지 말아야 할 일을 저지르고 맙니다. 엔돌에 있던 여자 무당에게 찾아가 신탁을 구한 것입니다. 그것도 죽은 사무엘을 불러 신탁을 구하려 한 것입니다. 이 일이 하나님 보시기에 매우 악한 일이었음은 율법(신 18:11; 레 20:27)에 명시되어 있습니다. 율법은 죽은 자의 혼령을 통해 점을 치는 행위를 하나님 보시기에 가증한 것으로 규정하고, 그런 일을 행한 사람을 죽음으로 다스리라고 명령합니다. 실제로 사울이 그다음 날 전투에서 죽게 되니까, 우리는 사울의 죽음을 그가 엔돌의 무당을 찾아간 사건과 연결시킬 수 있을 것입니다. 다음의 역대상 구절은 이런 정서를 잘 반영합니다.

> 사울이 죽은 것은 여호와께 범죄하였기 때문이라 그가 여호와의 말씀을 지키지 아니하고 또 신접한 자에게 가르치기를 청하고 (대상 10:13).

그런데 문제는 사울에게 나타난 사무엘이 진짜 사무엘이었는가 하는 점입니다. 진짜 사무엘이었다면 이방인 무당이 어떻게 하나님의 사람의 영혼을 소환할 수 있었을까요? 결론부터 말하면, 많은 학자는 사울에게 나타난 사무엘은 진짜 사무엘이라는 데 동의합니다. 그리고 성경 저자가 무당이 사무엘의 영혼을 불러낸 것처럼 묘사한 것은 당시 사람들의 일반적 상식에 '적응'한 것이라고 말할 수 있습니다. 즉 성경

66권 전체의 도움을 받는 우리들은 사람이 죽으면 다시 돌아올 수 없고 선악 간의 심판을 받게 됨을 잘 알고 있지만, 구약 시대의 사람들은 그렇게 생각하지 못했습니다. 당시 사람들은 사람이 죽으면 어둡고 차갑고 축축한 땅인 스올에 살게 되는데, 이들은 특별한 날에 특별한 방법으로 산 자들과 교신할 수 있다고 믿었습니다. 그래서 당시 사람들에게 죽은 자의 혼을 부르는 것은 충분히 일어날 수 있는 일인 것이죠. 사무엘서 저자는 더 큰 영적 진리를 전하기 위해 당시의 잘못된 사후관을 굳이 교정하지 않은 것입니다. 이것은 창세기 저자가 더 큰 영적 진리를 전하기 위해 고대인들의 궁창 이론(이 책의 30장 참조)을 굳이 교정하지 않은 것과 마찬가지입니다.

그러면 사무엘이 악마나 귀신이 아니었다는 사실을 어떻게 알 수 있을까요? 성경 저자는 사울에게 나타난 사무엘이 참된 하나님의 선지자임을 다양한 증거를 통해 보여 주고 있습니다. 먼저, 성경 본문에서 무당이 사무엘을 불러낸 과정이 묘사되어 있지 않음에 주목할 필요가 있습니다. 다음의 대화를 보면 사무엘은 무당이 불러서가 아니라 스스로 사울을 찾아오는 것처럼 보입니다.

> 사울: 사무엘을 불러 올려라.(삼상 28:11)
> 무당: 아! 어찌 나를 속이셨습니까? 당신은 사울이지 않습니까? (삼상 28:12)
> 사울: 두려워 말라. 무엇을 보았느냐?(삼상 28:13 전반부)
> 무당: 혼(엘로힘)이 땅에서 올라오는 것을 보았습니다.(삼상 28:13 후반부)

이 대화의 본문을 찾아보면, 사무엘을 불러올리라고 명령하는 사울의 명령에 무당이 순종했다는 내용이 없습니다. 마치 사무엘이 스스로 나타난 것 같습니다. 즉, 사무엘의 영이 사울을 찾아오는 일에 무당이 아무런 역할도 하지 않은 것처럼 보입니다. 또한 이후에 이어지는 사울과 사무엘의 대화 장면에서도 무당의 존재는 없습니다. 성경 본문을 보면, 사울과 사무엘이 직접 이야기하는 것처럼 보입니다. 당시 무당들이 복화술자처럼 혼령의 말을 대신했다는 사실을 고려할 때, 성경 저자가 사울과 사무엘의 혼이 대화하는 장면에서 무당의 역할을 전혀 기록하지 않은 것은 의도적으로 보입니다. 이런 의정황을 고려하면 사무엘이 무당의 명령에 순종해서 불려 나온 것이 아님을 알 수 있습니다. 이것은 하나님의 선지자의 모습에 매우 합당합니다. 큰 영적인 권위를 가진 사무엘을 표현하기 위해 성경 본문은 사무엘의 혼을 엘로힘, 즉 "신"으로 표현합니다.

사무엘이 귀신이나 마귀가 아니라 진짜 하나님의 사람이라는 또 하나의 힌트는 그의 메시지에 있습니다. 사무엘의 예언은 신명기 13장 1-5절과 신명기 18장 22절에 나오는 참 예언의 두 가지 기준에 부합합니다. 그 기준은 이렇습니다. 먼저, 참 예언은 다른 성경 본문에서 드러난 하나님의 뜻과 어긋나지 않습니다. 즉 율법과 모순되지 않습니다. 어떤 예언자가 아무리 놀라운 기적을 행해도 다른 신을 섬기라고 말한다면 그는 절대로 참 선지자일 수가 없지요. 두 번째, 참 예언은 '사실'을 가장 정확하게 설명합니다. 이것은 현재적 사실일 수도 있고, 미래적 사실일 수도 있습니다. 참 예언은 현재의 상태를 정확하게 진단하고, 앞으로 발생할 일을 정확히 말해 줍니다. 사무엘이 사울에게 해준 예언(삼상 28:16-19)을 분석해 보면, 사무엘의 예언은 이 두 가지 기준을 모두 통과하는 정확한 예언임을 알 수 있습니다. 첫째, 그의 예언은 이미 사무엘상의 다른 부분에서 드러난

하나님의 뜻을 반복하는 것입니다. 즉 사울 왕조가 멸망하고,
그 대신 다윗을 선택하셨다는 내용입니다. 둘째, 사무엘은
사울이 현재의 절망적 상태에 처한 것이 그가 범한 불순종의 죄
때문이라고 말함으로써 사울의 현재 상태를 정확하게 진단해
주고 그가 다음 날 전투에 죽을 것이라고 예언하는데, 그 예언이
그대로 이루어집니다. 이처럼 신명기에서 말하는 참 예언의 두
가지 기준을 통과한 사무엘의 예언은 참 예언이며 그 참 예언을
말한 인물도 참된 선지자일 가능성이 높습니다.

성경 저자가 죽은 사무엘이 다시 돌아온 것처럼 묘사한 것은
당시의 상식적 사후관을 잠정적으로 수용하면서 중요한 영적
진리를 전달하기 위함입니다. 즉 사울이 멸망한 이유는 선지자를
통한 하나님의 말씀에 불순종했기 때문이며, 불순종은 점치는
죄처럼 매우 중대한 죄임을 보여 주기 위함입니다(삼상 15:23).
이번 장에서 살펴본 사무엘상 28장이 초혼이 불가능함을 명확히
가르치지 않은 것에 놀랄 이유는 없습니다. 왜냐하면 하나님의
진리는 점진적으로 주어지기 때문입니다. 구속사가 발전하면서
이전에 명확하지 않았던 것들이 보다 분명해지는 경우가
많습니다. 그래서 성경 66권을 모두 공부할 수 있는 우리에게
죽은 자를 불러내는 일이 불가능하다는 사실은 매우 명백합니다.

29. 고대 이스라엘에서 장애인에 대한 인식은 어떠했나요?

'장애'는 철저하게 사회학적 개념입니다. 사회가 어떤 점을 장애로 인식하고, 그것을 가진 사람들을 차별하거나 그들의 활동에 제약을 가할 때 비로소 '장애'가 됩니다. 이 말은 장애로 인식되는 신체적 특징들이 시대마다, 사회마다 조금씩 다름을 의미합니다. 예를 들어, 오늘날에는 더 이상 장애로 인식되지 않는 왼손잡이가 고대에는 장애로 인식되었습니다. 고대 이스라엘 사람들은 왼손잡이를 지칭할 때 "오른손을 못 쓰는 사람"이라고 표현했습니다. 또한 고대 이스라엘에서는 장애로 인식되지 않았던 할례받은 남자 성기가 고대 그리스 문화에서는 장애로 인식되었음도 주지의 사실입니다.

장애가 철저히 사회학적 개념이기 때문에, 고대 이스라엘의 '장애' 개념을 이해하기 위해서는 당시 사람들이 가장 중요시하는 공동체적 활동에서 차별받은 사람이 누구인지를 살펴보는 것이 중요합니다. 레위기 21장 17-21절은 하나님께 제물을 가지고 나올 수 없는 사람들에 관해 다음과 같이 적고 있습니다.

> 누구든지 … 육체에 흠이 있는 자는 그 하나님의 음식을 드리려고 가까이 오지 못할 것이니라 … 곧 맹인이나 다리 저는 자나 코가 불완전한 자나 지체가 더한 자나 발 부러진 자나 손 부러진 자나 등 굽은 자나 키 못자란 자나 눈에 백막이 있는 자나 습진이나 버짐이 있는 자나 고환 상한 자니 … 흠이 있는 자는 나와 여호와께 화제를 드리지 못할지니 … 그의 하나님께 음식을 드리지 못하느니라.

앞의 본문은 아론 계열의 제사장들이 그들의 핵심적인 직무, 즉 성소에서 하나님께 제물을 바치는 직무를 수행하기 위해서는 어떤 신체적 흠(히브리어로 뭄)도 없어야 한다고 가르칩니다. 제사장들은 세습직이기 때문에 신체적 흠을 가지고 태어났거나 살다가 신체적 흠을 가지게 됐더라도 제사장직에서 배제되지는 않습니다. 그러나 장애를 가진 제사장들은 제사장의 핵심적 직무에서는 배제됩니다. 이런 입법이 암시하는 것은 고대 이스라엘에서 신체에 '특정' 흠을 가진 사람들은 사회적으로 낙인찍히고, 차별받았다는 사실입니다. 그리고 이것은 단순히 제사장직에 국한된 것은 아닙니다. 다음의 구절을 보면, 장애인들은 성전 공동체의 참여 자체가 거부되었을 가능성도 있습니다.

> 맹인과 다리 저는 사람은 집에 들어오지 못하리라(삼하 5:8).

위 구절은 다윗이 예루살렘을 정복하면서 인용한 속담인데, (아직 예루살렘 성전이 건축되기 이전이지만) 학자들은 "집"을 예루살렘 성전으로 이해합니다. 그렇다면 고대 이스라엘에서 특정 장애를 가진 사람들은 핵심적 제사장 직무에서 제외되었을 뿐 아니라 성전 출입 자체를 제한받았음을 알 수 있는데요. 고대 이스라엘처럼 성전이 중심인 사회에서 성전에 출입할 수 없다는 사실은 당시 장애인들이 받은 고통과 차별이 상상할 수 없을 정도였음을 알 수 있습니다. 장애인들은 이스라엘 언약 공동체의 특권들인 제사·헌물·축제일·기도 등에 참여할 수 없었던 것입니다. 또한 성전 출입을 제한당한다는 것은 이방인 취급받았다는 뜻입니다. 나아가 성전 출입을 금지당한 모압 사람들이나 암몬 사람들처럼 이스라엘의 대적자로 취급받았을 것입니다.

그렇다면 왜 이렇게 장애인들이 차별받았을까요? 왜 특정 신체적 흠을 가진 사람들을 차별하고 소외시켰을까요? 이것은 바로 장애가 '죄로 인한 형벌'이라는 당시 사람들의 인식과 관계있습니다. 고대 세계에서는 적군의 신체를 훼손하는 행위들이 자주 있었습니다. 따라서 후천적으로 장애를 가진 사람들 가운데는 과거 이스라엘과 싸우다 포로로 잡힌 이방인도 있었을 것입니다. 그리고 고대의 법은 의도와 관계없이 다른 사람의 신체를 훼손한 사람들에게 똑같은 신체 훼손을 가한다고 규정합니다. 대표적으로 함무라비 법전 196조를 보면, "만약 어떤 사람이 다른 사람의 눈을 멀게 했으면, 그도 장님이 되어야 한다"고 쓰여 있습니다. 같은 법 195조에는 "어떤 자녀가 아버지를 때리면, 그의 손을 자를지니라"고 정해 놓았습니다. 레위기 24장 19-20절에도 비슷한 법이 나옵니다.

> 사람이 만일 그의 이웃에게 상해를 입혔으면 그가 행한 대로 그에게 행할 것이니 상처에는 상처로, 눈에는 눈으로, 이에는 이로 갚을지라 남에게 상해를 입힌 그대로 그에게 그렇게 할 것이며.

이처럼 후천적 장애가 인간의 죄 때문이라는 생각은 선천적 장애도 누군가의 죄에 대한 신의 형벌이라는 개념과 쉽게 연결됩니다. 예수님의 제자들이 길에서 맹인을 발견하고는 예수님에게 그의 처지가 자신의 죄 때문인지 아니면 부모의 죄 때문인지를 묻는 장면(요 9:2)도 바로 이런 문맥에서 이해할 수 있습니다. 그리고 장애가 죄 때문이라는 생각은 장애인에 대한 차별을 정당화했습니다.

하지만 성경을 전체적으로 살펴보면, 하나님께서는 장애인을 소외시키거나 차별하지 않는 분임을 알 수 있습니다. 오히려 가난한 자들이나 고아와 같이 하나님께서 우선적으로 관심을 보이는 대상이 장애인들입니다. 예를 들어 시편 146편 8절을 보면, 여호와께서는 맹인들의 눈을 여시고 가난한 자를 일으키시는 분으로 묘사됩니다. 하나님을 경외하는 자의 대표인 욥도 자신이 "맹인의 눈이 되었고, 다리 저는 자의 발이 되었다"고 고백합니다(욥 29:15). 장애인에 대한 성경적 견해를 가장 잘 보여 주는 것은 아마 다음의 예수님 말씀일 것입니다.

만일 네 손이 너를 범죄하게 하거든 찍어 버리라 장애인으로
영생에 들어가는 것이 두 손을 가지고 지옥 곧 꺼지지 않는 불에
들어가는 것보다 나으니라 만일 네 발이 너를 범죄하게 하거든
찍어 버리라 다리 저는 자로 영생에 들어가는 것이 두 발을 가지고
지옥에 던져지는 것보다 나으니라 만일 네 눈이 너를 범죄하게
하거든 빼버리라 한 눈으로 하나님의 나라에 들어가는 것이 두
눈을 가지고 지옥에 던져지는 것보다 나으니라(막 9:43-47).

이 말씀은 장애인에 관련한 성경의 가르침 가운데 가장 혁명적인
것인데, 그 이유는 장애가 '죄'의 결과라는 대중의 생각을 뒤집기
때문입니다. 앞서 언급한 것처럼 고대인들은 장애를 가진 사람은
전생에 혹은 현세에 죄를 지은 사람이라고 생각했습니다.
이 때문에 사회적으로 소외되고 차별받았고, 심지어 성전의
출입조차도 제한되어, 최소한의 '인권'—하나님의 형상으로서
그분을 예배할 권리—도 보장받지 못했습니다. 그러나 예수님은
본문에서 장애는 죄의 결과가 아니며, 오히려 죄로부터 해방받기
위해서는 장애인이라도 되는 것이 낫다고 말씀하십니다.
범죄하는 손과 발, 범죄하는 눈을 가지고 지옥에 들어가는
것보다 손이나 발 없는 불완전한 상태, 앞을 볼 수 없는 상태로

천국에 가는 것이 낫다는 말씀은 '장애'가 구원받는 데 전혀 영향을 끼치지 않으며 오히려 우리를 거룩하게 한다는 뜻일 것입니다. 이 말은 사도 바울이 자신의 지병에 대해 한 말과도 일치합니다.

고대 이스라엘 사람들은 할례를 행했습니다. 앞서 말한 것처럼 남성 포피를 절단하는 이 시술은 고대 그리스 사람들의 관점에서는 자기 신체를 절단하는 야만적 행위입니다. 그리스인들은 올림픽 경기에 할례한 사람의 출입을 금지했을 정도였습니다. 하지만 이스라엘에서는 이 '장애'가 구원의 상징이었습니다. 앞서 장애가 의학적 개념이 아니라 철저히 사회학적 개념임을 언급했습니다. 사람들이 특정 신체적 흠을 결함으로 규정하고, 그것을 근거로 소외시키고 차별할 때 '장애'가 생기기는 것입니다. 그러나 그리스도의 복음은 이런 소외되고 차별받은 장애인들을 우선적으로 도우라고 가르칠 뿐 아니라 오히려 장애, 결함, 흠 속에 우리의 구원이 있음을 상기시킵니다.

30. 창세기 1장에 나오는 '궁창'은 무엇인가요?

> 하나님이 이르시되 물 가운데에 궁창이 있어 물과 물로 나뉘라 하시고 하나님이 궁창을 만드사 궁창 아래의 물과 궁창 위의 물로 나뉘게 하시니 그대로 되니라 하나님이 궁창을 하늘이라 부르시니라 저녁이 되고 아침이 되니 이는 둘째 날이니라(창 1:6-8).

위 창세기 구절에 나오는 궁창(穹蒼)을 우리말로 풀면 "푸른 하늘"이라는 뜻입니다. 그러나 이 말의 원문인 히브리어 *라키아*에는 "하늘"이라는 뜻도, "푸르다"라는 뜻도 들어 있지 않습니다. 그러면 궁창의 본래 의미는 무엇일까요? 창조 둘째 날 하나님은 무엇을 창조하신 걸까요?

먼저, 이 말이 어떤 문맥에서 사용되었는지 살펴봅시다. 위에 인용된 창세기 구절에 따르면 궁창은 물 가운데 있고 물과 물을 나누게 하는 어떤 것입니다. 즉 궁창이 창조되기 전에는 온 세상이 온통 물이었는데, 궁창의 창조로 인해 물이 궁창을 사이에 두고 궁창 위에 있는 물과 궁창 아래에 있는 물로 나뉘게 된 것이지요. 그리고 넷째 날 창조 기사에 따르면, 궁창에는 '광명체'들이 있게 되며, 다섯째 날 창조 기사에 따르면, 궁창은 새가 날아다니는 공간이 되기도 합니다. 오늘날 우리가 이해하는 자연의 관점에서 보면 '궁창'에 가장 가까운 것은 하늘 혹은 그 위의 공간(우주)입니다. 그러나 우주에는 물이 없다는 면에서 보면 궁창이 오늘날 우리가 바라보는 하늘과 같은 것인지에 대한 의문이 들 수 있습니다. 이런 의문은 다음의 구절을 보면 더욱 커지게 됩니다.

> 그 생물의 머리 위에는 수정 같은 궁창의 형상이 있어 보기에
> 두려운데 그들의 머리 위에 펼쳐져 있고 그 궁창 밑에 생물들의
> 날개가 서로 향하여 펴 있는데 이 생물은 두 날개로 몸을 가렸고
> 저 생물도 두 날개로 몸을 가렸더라 생물들이 갈 때에 내가 그
> 날개 소리를 들으니 … 그 생물이 설 때에는 그 날개를 내렸더라
> 그 머리 위에 있는 궁창 위에서부터 음성이 나더라 … 그 머리 위에
> 있는 궁창 위에 보좌의 형상이 있는데 그 모양이 남보석 같고 그
> 보좌의 형상 위에 한 형상이 있어 사람의 모양 같더라 (겔 1:22-26).

위 본문은 에스겔이 본 하나님의 보좌에 관한 환상입니다.
하나님의 보좌는 궁창 위에 있고, 그 궁창은 날개 달린 네 생물이
떠받치고 있습니다. 하나님의 음성이 궁창 위에서 나온다는
말씀으로 미루어 짐작하건대, 궁창 위의 세계는 하나님이
거하시는 세계인 듯합니다. 만약 에스겔이 본 궁창이 창세기
1장의 그 궁창이라면 (이 둘은 모두 히브리어 라키아로 표기되어 있음),
창세기 1장의 궁창은 우리가 흔히 생각하는 '하늘'과 다름을
분명히 알 수 있습니다. 왜냐하면 우리가 관찰하는 하늘 위에는
하나님의 보좌가 없기 때문입니다. 그렇다면 궁창의 원래 의미는
무엇일까요? 창세기 1장이 보여 주는 세계는 현대 과학이 알려
주는 세계와 많이 다릅니다. 그 세계는 고대인들이 상상한
세계의 모습과 일치합니다. 그래서 고대인들의 세계관 속에서
궁창의 위치를 찾을 때, 성경에 나타난 궁창의 기능을 비로소
이해할 수 있습니다.

우선 메소포타미아 사람들의 우주관부터 살펴봅시다.
메소포타미아 사람들은 세상이 3층 하늘과 3층 땅으로 구성되어
있다고 믿었습니다. 가장 높은 하늘에는 최고신 '아누'가 살고
있습니다. 중간 하늘에는 아누의 아들 신들이 살고 있는데, 이
하늘의 색깔은 청옥석과 같은 쪽빛 파랑입니다. 가장 아래에
있는 하늘은 단단한 벽옥으로 되어 있는데, 별들이 여기에 박혀
있다고 믿었습니다. 아래로 내려오면 가장 윗층의 땅에는 사람과
짐승들이 삽니다. 중간층의 땅에는 담수가 있어, 인간 땅에 물을
제공합니다. 가장 아래에 있는 땅은 죽은 자들이 사는 곳입니다.
이집트 사람들도 비슷한 방식으로 우주를 생각했습니다. 땅은

겝(땅의 신)이 엎드린 형상이며 하늘은 누트(하늘의 신)가 몸을 아치 모양으로 구부린 형상이라고 생각했습니다. 그리고 공기의 신 슈가 겝 위에 서서 누트의 몸을 지탱합니다. 땅 아래에는 물이 흐르고, 그 아래에는 지하세계가 있습니다. 여기서 주목할 것은 태양과 별빛에 관한 내용입니다. 이집트 신화에 따르면 누트는 아침에 아래로 태양을 낳고, 저녁에 태양을 입으로 삼킵니다. 누트가 아침에 낳은 태양은 낮에 누트의 배 위를 이동하다가 저녁에 누트의 입속으로 들어갑니다. 그 후 누트의 몸속을 여행하고 다음 날 아침 다시 태어납니다. 누트의 몸은 구멍이 송송 난 딱딱한 물질로 되어 있다고 여겨졌으며, 밤에 누트의 몸속을 이동하는 태양이 그 구멍들을 통해 밖으로 비쳐지게 되는데 그것들은 별이라 여겨졌습니다. 메소포타미아와 이집트의 우주관은 공통적으로 태양과 별들이 보이는 하늘을 건물의 천장과 같은 단단한 판으로 이해했다는 것입니다.

이런 고대 우주관을 염두에 두고 창세기 1장의 궁창의 의미를 생각해 봅시다. 먼저 히브리어 *라키아*의 원문적 의미는 "단단한 금속판"입니다. 대장장이가 망치로 금속을 펴서 만든 판을 *라키아*, 즉 '궁창'이라고 합니다. 고대 이스라엘 사람들은 하늘에서 비가 오는 이유를 하늘 위에 물이 있기 때문이라고 믿었고, 그런데도 그것이 한꺼번에 쏟아지지 않는 것은 그 물을 떠받치는 궁창이 있기 때문이라고 생각했습니다. 또한 하나님이 궁창에 있는 창문으로 지상에 떨어지는 물의 양을 조절한다고 여겼습니다(창 7:11 참조). 그리고 해와 달과 별이 박혀 있는 곳도 그 단단한 궁창입니다. 그 궁창 위에는 하나님이 거하시는 보좌가 있습니다. 창세기 1장에 창조된 세계는 바로 이런 고대 이스라엘의 세계관을 반영한 것입니다. 궁창에 난 창문을 통해 떨어지는 물, 궁창에 박혀 있는 해·달·별 그리고 궁창과 그 위의 신적 존재에 대한 고대인들의 생각이 창세기 1장에 묘사된 세계를 형성하는 것입니다.

몇몇 사람들은 창세기 1장의 세계가 오늘의 과학이 밝혀낸 세계와 많이 다르다는 사실에 불편할 수 있습니다. 그러나 성경은 하나님이 우리가 알아들을 수 있는 언어로 그분을 계시하신 책임을 기억할 필요가 있습니다. 당시 이스라엘 사람들의 수준에 맞게 이 세상의 기원과 그들과 하나님의 관계를 설명한 것이 창세기 1장의 내용이지요. 칼뱅은 궁창 위의 물에 대한 주석을 달면서 다음과 같은 취지의 말을 했습니다. '하늘 위에 물이 있다는 말은 터무니없는 이야기다. 그러나 창세기 저자는 당시 이스라엘 사람들의 눈높이에 맞추어 하나님의 창조를 설명하는 것이다.' 이처럼 궁창을 비롯해 당시 고대인들의 세계관에서 접근할 때 정확하게 파악될 수 있는 것들이 성경에 많이 나옵니다. 그러한 배경을 알고 성경을 읽어 갑시다.

31. 모세 시대의 이스라엘 백성이 피라미드를 만들었나요?

서구의 기독교인들은 흔히 모세 시대의 이스라엘 백성이 피라미드를 만들었다고 생각합니다. 야곱의 후손이 이집트의 노예가 되어 피라미드를 건설했다는 것입니다. 이런 생각은 1956년에 만들어진 할리우드 영화 〈십계〉에 의해 강화되었습니다. 찰톤 헤스턴이 모세로, 율 브린너가 람세스 2세를 맡은 이 영화에서는 수많은 히브리 노예가 피라미드 건설을 위한 노역에 동원된 것으로 묘사됩니다. 이런 오해는 오늘날까지도 변하지 않았습니다. 1998년에 개봉된 〈이집트의 왕자〉에서도 여전히 이스라엘 사람들이 피라미드 건설에 동원된 것으로 묘사되었습니다. 그러나 모세 시대의 이스라엘 사람들이 강제 노역을 통해 피라미드를 건설했다는 것은 성경적 증거와도 다르고, 피라미드에 관한 역사적 사실과도 다릅니다.

먼저 성경에 모세 시대의 야곱의 후손들이 비돔과 라암셋을 건설하는 데 동원되었다고 언급되어 있습니다(출 1:11). 우리말 성경에는 비돔과 라암셋을 "국고성"이라고 설명하고 있는데, 이 단어의 히브리어는 *아레이 미스크노트*입니다. 이 히브리어 표현을 보다 정확하게 번역하면 '요새도시' 혹은 '거점도시'라고 할 수 있습니다. 즉 야곱의 후손들은 당시 이집트의 핵심 도시 두 곳을 건설하는 데 동원된 것입니다. 비돔은 "아툼의 집"이라는 의미로, 그곳에 이집트 창조신인 아툼의 신전이 있었던 것으로 보입니다. 학자들은 비돔이 나일 강 북동쪽인 텔타 지역에 위치했을 것이라고 추정합니다.

라암셋은 람세스 2세의 궁전이 있던 도시입니다. 그 도시의 아름다움과 화려함을 찬양하는 시들이 아직까지 남아 있습니다. 라암셋은 이집트에서 가장 비옥한 지역이자 야곱의 후손들이 정착했던 고센 지역에 세워졌습니다. 고센 지역 역시 나일 강의 북동 델타 지역에 위치합니다. 이처럼 성경에는 야곱의 후손들이 피라미드를 짓는 데 동원되었다고 말하는 구절이 없습니다. 그렇다면 비돔과 라암셋이라는 요새도시들의 건설에 피라미드 건설이 포함되어 있는 것은 아닐까요? 답은 간단합니다. 그럴 리가 없습니다. 이집트에서 마지막 피라미드가 지어진 때에서 약 500년이 지난 후에야 모세가 역사에 등장합니다. 출애굽의 연대를 어떻게 보느냐에 따라 다르지만, 출애굽의 연대를 주전 13세기, 즉 이집트 19왕조(람세스 2세가 속한 왕조) 때라고 본다면 이 당시 이집트에서는 더 이상 피라미드 형식의 무덤이 건설되지 않았습니다.

우리에게 알려진 대부분의 피라미드는 이집트의 고왕국 시대(주전 2686-2181년)에 지어진 것입니다. 유명한 기자의 피라미드와 스핑크스는 주전 2549년경에 완성되었습니다. 고왕국 이후에 피라미드 건설이 중지되다가 중왕국 시대(11, 12왕조)에 피라미드 건설이 잠시 재개되지만, 고왕국의 피라미드의 비해 규모가 작고 공법도 조야했습니다. 오늘날 중왕국 시대 때에 지어진 피라미드가 거의 알려지지 않은 이유가 바로 여기에 있습니다. 그마저도 주전 1750년 이후에는 피라미드 건설이 완전히 중지됩니다.

한편 피라미드 건설과 관련된 최근의 연구에 따르면 피라미드 건설에 노예들이 동원되었다는 주장도 근거 없는 것으로 밝혀졌습니다. 피라미드와 같은 대규모 건축물을 짓기 위해서는 엄청난 양의 노동력이 필요합니다. 학자들은 만 명의 노동자가 30년을 일해야 피라미드 하나를 완성할 수 있다고 추정합니다. 그런데 최근에 밝혀진 증거에 따르면, 피라미드에 동원된 사람들은 좋은 숙소를 제공받았고 최고의 의료 서비스는 물론, 노동에 대한 충분한 대가도 받은 것으로 밝혀졌습니다. 심지어 노동하다가 사망한 경우 피라미드 근처에 별도의 무덤까지 만들어 묻어 주었다고 합니다. 피라미드 건설에 동원된 노동자들은 가난한 지역 출신이 많았고, 3개월씩 교대로 일했다고 합니다. 하루에 소 21마리와 양 23마리가 도축되었으니까 적어도 일주일에 한 번은 모두가 고기를 먹었을 것입니다. 이와 같은 고고학적 증거들은 피라미드 건설에 강제 노동이 동원되었다는 상식이 잘못되었음을 알려 줍니다.

그렇다면 피라미드 건설에 히브리 노예들이 동원되었다는 이야기의 출처는 어디일까요? 〈십계〉나 〈이집트의 왕자〉의 제작자들은 어떤 근거로 모세 시대의 히브리인들이 피라미드를 건설했다고 생각한 것일까요? 바로 그런 오해는 헤로도토스의 《역사》에서 근거한 것입니다. 주전 450년에 활동한 그리스 역사가인 헤로도토스는 이전 역사가와는 달리 고증에 근거한 역사를 썼기 때문에 '역사학의 아버지'로 불립니다. 그는 실제로 이집트를 여행해 사료를 모은 것으로 알려지는데, 그는 《역사》 제2권에 피라미드를 짓는 데 10만 명의 유대인 노예들이 동원되었다고 적고 있습니다. 그러나 오늘날 그의 이야기를 액면 그대로 믿는 역사학자는 거의 없습니다. 피라미드와 히브리 노예의 관계에 관한 것뿐 아니라 여러 가지 면에서 헤로도토스의 역사 서술은 부정확한 것으로 드러났습니다. 그래서 어떤 학자들은 그를 '거짓말의 아버지'로 부를 정도이죠.

요약하면, 모세 시대의 히브리인들은 피라미드 건설에 동원되지 않았습니다. 출애굽기에도 정확하게 나와 있듯 그들은 비돔과 라암셋이라는 이집트의 요새도시 건설에 동원되었습니다. 오해가 다 풀리셨나요? 우리는 사실관계를 잘 확인해 성경을 정확하게 읽어 가려는 노력을 멈추지 말아야겠습니다.

32. 네피림과 아낙 자손은 어떤 사람들인가요?

민수기 13장 33절에는 가나안 사람들을 본 정탐꾼들이 그들의 장대함에 압도되어 그들이 네피림의 후손인 아낙 자손들이라며 두려워하는 내용이 언급되어 있습니다. "거기서 네피림 후손인 아낙 자손의 거인들을 보았나니 우리는 스스로 보기에도 메뚜기 같으니 그들이 보기에도 그와 같았을 것이니라." 그러면 네피림은 어떤 사람들인가요? 왜 아낙 자손들은 네피림의 후손으로 불리는 것일까요? 또한 이들은 르바임과 무슨 관계일까요?

네피림은 본래 홍수 이전 시대에 하나님의 아들들과 사람의 딸들 사이에 생겨난 이들인데, 창세기 저자는 이들을 "명성이 있는 용사들"이라고 소개합니다(창 6:4). 네피림의 아버지인 하나님의 아들들이 구체적으로 어떤 존재인지는 학자들 사이에 이견이 큽니다(이 책의 27장 참조). 그러나 유대인들은 그들을 신적 존재, 즉 타락한 천사로 생각합니다. 고대 근동 신화에서 초인적인 능력을 지닌 영웅은 신과 인간의 결합을 통해 태어나는 경우가 종종 있습니다. 수메르의 도시국가 우르크의 왕 길가메시도 3분의 2는 신, 3분의 1은 사람으로 여겨집니다. 따라서 하나님의 아들들과 사람의 딸들의 결합으로 태어난 네피림이 유명한 용사라는 것은 놀랄 일이 아닙니다. 즉 신과 인간의 결합인 네피림이라는 말에는 보통 사람이 감히 상대할 수 없는 힘을 가진 전사, 마땅히 두려워해야 하는 존재라는 의미가 들어 있습니다. 이것은 네피림을 구약 성경의 고대 번역본에서 어떻게 번역했는지를 보면 잘 알 수 있습니다. 그리스어 구약 성경과 라틴어 구약 성경에서 네피림은 "거인"으로 번역되어 있으며, 아람어 구약 성경에서는 "용사"로 번역되어 있습니다.

네피림이 신들 혹은 천사와 인간의 결합으로 태어난 존재라는 설명에 '그런 일이 가능해?'라고 반문할 사람들이 있습니다. 성경 66권 전체에 근거한 현대 신학의 입장에서는 불가능한 일이지만, 고대의 성경 독자들에게는 충분히 개연성 있게 받아들여졌을 사건입니다. 그리고 성경 저자는 홍수 심판을 가져올 인간의 타락을 설명하는 문맥에서 하나님의 아들들과 인간의 딸들의 결합을 언급하는데, 이것은 하나님이 정해 놓은 창조의 영역을 위배한 성적 관계(동성애, 수간, 인간과 천사의 결합 등)를 공동체 전체, 나아가 온 세상을 멸망시키는 죄로 간주하는 구약 사상과 관련 있습니다. 여하튼 홍수 심판으로 네피림들은 모두 죽었습니다. 그런데 신기하게도 우리는 홍수 이후에 네피림의 후손들과 만납니다.

이스라엘 정탐꾼들은 가나안 땅에 거주하는 사람들을 가리켜 "네피림 후손인 아낙 자손의 거인들"이라고 말합니다. '아낙'이라는 말은 문자적으로 "목"을 의미하는데요, 일부 학자들은 아낙 족속이 본래 목이 긴 거인 족속이었다고 주장합니다. 성경에서 아낙의 후손은 모두 거인으로 묘사됩니다(신 2:10, 21; 9:2). 블레셋의 가드에 아낙 자손들이 살고 있었고, 골리앗이 가드 출신의 거인이라는 점을 상기할 때, 골리앗도 아낙 자손이었을 가능성이 있습니다. 이것으로 볼 때 아낙 자손들은 가나안에서 유명했던 거인 족속임에 틀림없습니다. 그러면 왜 정탐꾼들은 이 아낙 자손들을 굳이 네피림의 후손이라고 말했을까요? 네피림들은 홍수에 살아남지 못했을 텐데 말이지요.

정탐꾼들이 아낙 자손들을 네피림의 후손이라고 말한 것은 사실 그대로의 보고라기보다는 불신앙으로 부풀려진 허구일 가능성이 높습니다. 그들이 본 사람들은 키가 크고 기골이 장대한 아낙 자손임에 틀림없지만, 그들의 존재에 겁먹은 정탐꾼들은 아낙 자손들을 "네피림의 후손"이라 부른 것입니다. 정탐꾼들의 눈에는 가나안의 거인들이 마치 신화적 거인인 네피림처럼 보인 것이지요. 믿음이 없어 아낙 자손을 있는 그대로 보지 못하고, 그들의 두려움이 아낙 자손을 더 크게 만들어 네피림의 후손으로 만들어 버린 것이지요. 이것은 정탐꾼들이 이스라엘 사람들을 메뚜기에 비유한 것과 일맥상통합니다.

한편 신명기 2장 20절을 보면, 아낙 사람들이 르바임 사람들과도 동일시됩니다. 가나안의 거인들 때문에 정복을 두려워하는 이스라엘 백성에게 모세는 암몬에 살았던 아낙 후손을 예를 들어 설명합니다. 즉 모세는 '현재의 암몬 땅에도 과거에는 르바임으로 불리는 아낙 거인들이 살고 있었다. 그런데 하나님이 그 아낙 거인들을 몰아내고 암몬 땅을 지금의 암몬 사람들에게 내어 준 것이다'라고 설명합니다. 그렇다면 언약 백성이 가나안에 사는 아낙 거인들을 두려워할 필요가 없겠지요. 모세는 '암몬을 위해 르바임으로 불리는 아낙 거인을 몰아내신 하나님께서 언약 백성인 이스라엘을 위해 네피림으로 불리는 아낙 거인도 몰아낼 것이다'라고 격려하는 것입니다.

여기서 재미있는 것은 네피림과 르바임이 모두 "죽은 자"라는 뉘앙스를 가진다는 사실입니다(네피림의 어원적 의미는 "땅에 넘어진 자"이며 르바임의 어원적 의미는 "혼령적 존재"입니다). 아낙 자손들은 절대로 전쟁에서 쓰러져 죽을 것 같지 않은 거인 용사들이지만, 하나님 앞에서 이미 '죽은 자'에 불과함을 보여 주는 것이지요. 그런데도 정탐꾼들은 그들이 실상은 죽은 자임을 보지 못합니다. 우리도 세상을 살아가면서 '네피림'이나 '르바임'과 같은 존재 때문에 두려워하는 경우가 많은데 그럴 때일수록 이미 '죽은 것'들을 두려워하지 말고 하나님만 의지해야겠습니다.

33. 여호수아 군대와 싸운 가나안 족속의 군사력은 어느 정도였을까요?

고대 전쟁을 소재로 한 영화를 보면 전쟁 장면이 매우 실감나게 묘사되어 있습니다. 주전 13세기의 트로이 전쟁을 극화한 영화 〈트로이〉는 심장을 졸이게 하는 현실감 있는 전쟁 장면이 많이 나오는데요, 그 장면들에는 방패·창·활·배·말·전차 등 다양한 전쟁 무기와 일대일 대표전, 진영을 통한 전투 등 다양한 전투전술이 등장합니다. 여호수아 군대가 가나안을 침공했을 때의 전쟁 모습도 이와 크게 다르지 않았을 것입니다. 왜냐하면 트로이 전쟁과 여호수아의 전쟁은 시대적으로 비슷할 뿐 아니라, 그 두 전쟁 모두 후기 청동기 시대에서 철기 시대로 넘어가는 과도기적 혼란의 일부였기 때문입니다. 이번 장에서는 여호수아의 정복 전쟁에 대해 이야기를 해보려 합니다.

먼저 여호수아가 가나안을 정복할 때는 고대 근동 전체가 혼란기를 지나고 있었음을 지적할 필요가 있습니다. 후기 청동기 말기에 많은 왕국이 정치적으로 붕괴되고 자연재해까지 겹쳐 사람들이 새로운 삶의 터전을 찾아 동방으로 이동하는 일이 발생했습니다. 그들은 이동하면서 그들의 이주를 반기지 않는 원주민들과 자주 전쟁해야 했습니다. 트로이 전쟁도 바로 이런 전쟁과 연관이 있었습니다. 그리고 가나안 지역에도 이런 전쟁이 자주 일어났습니다.

당시 가나안 지역의 상황은 아마르나 서신을 통해 유추할 수 있습니다. 아마르나 서신은 주전 14세기 이집트 왕과 고대 근동 왕들이 주고받은 350통의 외교 서신들인데, 이 가운데 300편 이상의 서신이 이집트 왕과 가나안 도시국가의 왕들이 주고받은 것입니다. 이 서신에는 하비루라 불리는 사람들의 활동이 보고되어 있는데요. 하비루는 달아난 노예들, 탈영 군인, 소작농, 그 외 사회의 가난하고 소외된 자들을 모두 통칭하는 말입니다. 아마르나 서신에 따르면 하비루들은 가나안의 도시국가들을 공격하여 무너뜨리는 세력이었습니다. 모든 학자가 동의하는 것은 아니지만 서신에 언급된 하비루들이 히브리인이라는 학설도 존재합니다.

그렇다면 여호수아 군대와 가나안 도시들 간의 전투는 어떤 모양으로 진행되었을까요? 여호수아 군대가 공격한 가나안 도시들은 후기 청동기 시대의 도시들인데요, 이 도시들의 특징은 큰 성벽으로 둘러싸여 있다는 것입니다. 성벽은 외적의 침입에 대비해 도시 주변에 쌓은 것으로, 도시 전체를 거대한 군사 요새로 만드는 효과를 냅니다. 즉 성벽이 있는 도시는 그 자체가 거대한 군사적 요새입니다. 바로 이 때문에 민수기 13장 28절에 나오는 정탐꾼들의 보고에서도 "크고 견고한 성읍"이 언급되고 있습니다.

가나안 족속들은 큰 성벽을 가진 성 안에서 싸우는 전략적 우위를 가졌을 뿐 아니라 여러 발달된 전투 무기도 구비하고 있었습니다. 그들이 사용한 무기 중 가장 무서운 것은 전차였습니다. 당시의 전차는 오늘날의 탱크와 같은 위력을 가진 무기였습니다. 특히 평지 싸움에 효과적이었는데, 전차 바퀴에 달린 날카로운 창 때문에 전차가 한번 지나가면 그 주변의 적군들은 치명상을 입고 쓰러지기 일쑤였습니다. 따라서 전차 위에서 쏜 화살에 맞아 죽는 사람보다 전차에 깔리거나 바퀴 창에 베여 죽는 사람이 더 많았습니다. 광야 생활만 했던 이스라엘 사람들에게는 이런 전차가 없었습니다. 가나안 군대와 이스라엘 백성과의 싸움은 탱크 한 대 없는 군대와 탱크를 수십 대 보유한 군대의 싸움이 되는 것이지요.

또한 가나안 사람들의 많은 무기 중 활의 위력이 특히 컸습니다. 가나안 사람들이 가진 활은 나무에 실을 매달아 만드는 원시적 활(단순궁)이 아니라 복합 활(합성궁)이었습니다. 복합 활은 뼈·나무·동물 힘줄 등을 결합해 만든 활로, 일반 활보다 정확도가 뛰어나고 화살이 멀리 날아갑니다. 사정거리가 단순궁의 두 배 이상이었다고 합니다. 이스라엘 사람들에게 활이 있었는지 모르겠지만, 있었다 할지라도 이런 복합 활은 아니었을 것입니다.

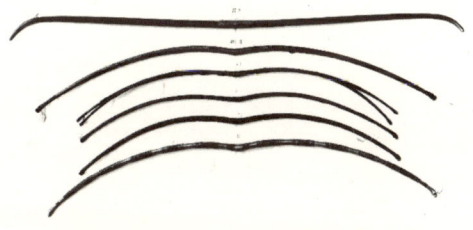

그 외에도 가나안 군인들은 장창, 낫 모양의 검, 대검, 단검 등 다양한 무기로 무장했지만 금속 제련 기술이 없었던 여호수아의 군대는 대부분 동물의 뼈 혹은 나무로 된 무기를 지녔을 가능성이 높습니다. 가나안에 정착하고 수백 년이 흐른 후에도 이스라엘 군대에는 사울과 요나단만이 철로 된 검을 가지고 있었다는 사실이 이것을 잘 증명합니다. 가나안 족속이 가진 무기 가운데 또 주목할 것은 병사들입니다. 가나안 군인들은 상비군, 즉 직업군인이었습니다. 그들은 날마다 훈련하고 사람을 살상하는 것을 업으로 하는 자들이었고, 이스라엘의 군인들은 목동들이었습니다. 여호수아가 이끄는 이스라엘 백성은

'이주하는 난민들'이었지 훈련된 정예부대가 아니었습니다.
이들이 잘 훈련된 정예 부대와 싸우는 것은 결코 쉬운 일이
아니었을 것입니다.

이처럼 무기뿐만 아니라 병력의 질에서도 불리한 상태에서
성벽이라는 전략적 우위까지 점한 가나안 도시를 오합지졸의
이스라엘 사람들이 싸워 이긴다는 것은 상식적으로는 불가능한
일이었을 것입니다. 이 때문에 열 명의 정탐꾼은 모세에게
부정적인 보고를 올린 것이라 생각됩니다. 그들이 보기에
이스라엘 백성은 메뚜기에 불과하고, 가나안 사람들은 네피림과
같은 전설적인 용사였던 것입니다. 이런 상황에서 이스라엘이
이길 수 있었던 단 하나의 이유는 여호수아의 전쟁이 이스라엘을
위해 싸우시는 거룩한 하나님의 전쟁이었기 때문입니다.

34. 가나안 문화에서 가장 타락한 행위는 무엇이었을까요?

여러분, 맹모삼천지교라는 말을 잘 아시지요. 맹자의 어머니가 좋은 교육 환경을 찾아 여러 번 이사를 다닌 데서 나온 고사성어인데요. 타고난 성품만큼이나 주위 환경이 인격 형성에 큰 영향을 끼친다는 뜻일 것입니다. 하나님도 이스라엘이 가나안 땅에서 살면서 그 땅의 문화에 오염될까 염려했습니다. 그래서 우리가 보기에 조금 과격한 방식을 택하시는데요, 이스라엘 사람들을 좋은 사람들이 가득한 땅으로 인도하는 것이 아니라 타락한 사람들이 가득한 땅으로 인도하셔서 그곳을 하나님의 나라로 일구어 가라고 명령하신 것입니다. 물론 이스라엘 백성은 그 명령에 온전히 순종하지 못했고, 그 결과 사사 시대를 통해 그들은 점점 가나안화되어 갑니다. 그렇다면 가나안 문화가 타락했다고 말할 때 그 타락의 구체적 내용은 무엇이었을까요?

가나안 문화는 청동기 시대 도시 문화의 일부입니다. 이 시대의 가나안 지역에는 도시를 중심으로 한 소왕국들이 산재했는데, 대표적 도시국가로는 마리, 알레포, 에블라, 우가릿 등이 있었습니다. 도시 문명은 사람들에게 풍성함과 편리한 삶을 약속했습니다. 물을 공급하는 상수도 시설, 풍부한 먹을거리가 가득한 시장, 성문에서 도시 중앙까지 쭉 뻗은 대로, 화려한 신전과 경기장 등을 갖춘 도시는 불친절한 자연과 매일매일 싸워야 하는 광야와 전혀 다른 삶을 보장했습니다. 도시 생활의 여유는 건축·미술·스포츠·놀이 등 다양한 문화생활을 가능하게 함으로, 예술 문화의 발달도 가져왔습니다.

하지만 이런 가나안 도시 문화에는 '유일하신 하나님'이 없었습니다. 우리가 가나안의 타락한 문화를 말할 때 가장 중요한 내용은, 그 가나안 사람들에게 "하나님을 두려워하는 마음"이 없었다는 것입니다. 가나안 문화는 하나님을 경외하지 않는 문화였습니다.

그렇다면 하나님을 경외하지 않는 문화의 특징은 무엇일까요? 성경은 그런 문화의 특징으로 성적 타락과 같은 도덕적 타락도 이야기하지만 "사회적 약자"를 억압하는 것을 가장 중요하게 언급합니다. 하나님을 두려워하지 않은 사람들의 가장 큰 특징은 다른 사람의 약점을 자신의 이익을 위해 적극적으로 이용하는 것입니다. 이것은 레위기 19장 14절에 잘 기록되어 있습니다.

> 너는 귀먹는 자를 저주하지 말며 맹인 앞에 장애물을 놓지 말고 네 하나님을 경외하라 나는 여호와이니라.

이 구절에서 하나님을 경외하는 것의 의미는, 들키지 않고 타인에게 나쁜 짓을 할 수 있을 때 혹은 처벌받지 않고 약한 자를 착취할 수 있을 때, 그렇게 하지 않는 것입니다. 오늘날의 예로 말하면 이렇습니다. 판사의 '잘못된' 판결은 판사의 처벌로 이어지지 않기 때문에 그는 자신의 이익을 따라 재판을 이용할 수 있습니다. 하지만 하나님을 경외하는 판사는 사회적 약자들을 위해 자신의 권한을 적극적으로 사용할 것입니다. '영혼' 없이 타성에 따라 재판하거나 혹은 자기 이익을 위해 판사의 직위를 사용한다면, 하나님을 경외하지 않는 것입니다. 레위기 25장 39절과 43절에서도 네 형제가 가난하게 되어 그가 너의 종이 되거든 그가 종이 되었다고 네 형제를 엄하게 부리지 말라고 말하면서, 그것이 하나님을 경외하는 것이라고 이야기합니다. 다시 말해 하나님을 경외하는 자는 형제의 불행을 자신의 이익을 위해 이용하지 않는 자입니다. 가난하고 소외된 자를 억압하지 않는 사람이지요.

아브라함이 가나안 땅에 기근에 들어 남쪽으로 내려갔을 때 걱정했던 내용도 바로 이것인데요, 자신의 아내를 누이로 속인 이유를 아브라함은 창세기 20장 11절에서 이렇게 설명합니다.

> 이곳에서는 하나님을 두려워함이 없으니 내 아내로 말미암아 사람들이 나를 죽일까 생각하였음이요.

치안이 불안했던 고대 세계에서 자기 고향을 떠나 타향을 여행하는 나그네는 언제나 약자입니다. 타락한 자들은 자기 이익을 위해 그 여행자를 강도질하거나 강간, 나아가 살인까지 범할 수 있는 자들입니다. 이렇듯 타인의 약점을 자신의 이익을 위해 사용하는 것은 '하나님을 경외하지 않는 문화'의 전형입니다. 소돔과 고모라의 타락 혹은 죄악의 핵심도 바로 여기, 즉 하나님을 두려워하지 않는 문화에 있습니다. 소돔과 고모라 사람들이 롯의 집에 머물고 있는 나그네 천사들을 강간하려 했던 것은 그들의 성적 타락을 보여 줄 뿐 아니라 하나님을 두려워하지 않는 문화, 즉 나그네와 같은 약자를 자기의 이익을 위해 억압하는 가나안의 타락한 문화를 전형적으로 보여 주는 것입니다. 그리고 소돔과 고모라와 같은 타락상은 그 시대에만 한정된 것이 아닙니다. 우리가 살고 있는 사회에 타인의 약점을 자신의 이익을 위해 사용하는 문화, 즉 약자에게 '갑질'하는 문화가 만연하다면, 우리의 사회도 하나님의 심판을 받을 소돔과 고모라입니다.

지금까지 우리는 가나안 문화가 타락했다고 했을 때의 참된 의미가 하나님을 경외하지 않는 문화에 있음을 살펴보았습니다. 그리고 하나님을 경외하지 않는 문화의 핵심은 약자를 돌보지 않고 오히려 자기 이익을 위해 약자를 착취하는 것임을 보았습니다. 한 도시가 도덕적 죄 때문에 멸망할 수 있다면 그 원인은 바로 약자에 대한 무관심입니다. 역사적으로도 지나친 경제사회적 양극화가 공동체의 멸망을 초래했음을 잘 알 수 있습니다.

한편 가나안 도시들은 성적으로 매우 타락했다고 여겨집니다. 어느 정도로 타락했을까요? 가나안 사람들은 근친상간, 동성애, 심지어 수간도 사회적 용인 가운데 즐겼을까요? 하지만 가나안 사람들이 모두 방탕한 생활을 즐겼다고 말할 근거는 없습니다. 비근한 예로 히타이트(성경의 헷 족속, 가나안 족속들 중 하나) 사람들이 근친상간을 엄히 금했음을 지적할 수 있습니다. 히타이트 법에서는 근친상간을 저지른 사람을 사형에 처했습니다. 당시 살인을 저지른 사람도 벌금형에 처했음을 고려하면, 히타이트 사회가 근친상간에 대해 얼마나 엄격한 법적 잣대를 적용했는지 알 수 있습니다. 어떤 사회가 문명을 이루고 산다는 것은 일종의 '법치'가 이루어짐을 뜻합니다. 그 사회의 관계를 규율하는 '도덕'도 있었을 것입니다. 가나안 도시들은 분명히 문명 도시였습니다. 이런 의미에서 그 도시들에 나름의 법과 도덕이 있었다고 생각하는 것이 옳습니다. 가나안 사람들의 성적 방탕은 오늘 우리 사회에서 목격되는 성적 방탕과 그 정도에서 크게 차이 나지 않을 수도 있습니다. 그럼에도 불구하고 성경이 가나안의 문화를 멸망할 문화라고 말한 것은 그들에게 유일하신 하나님에 대한 경외심이 없었기 때문일 것입니다.

35. 아브라함은 왜 아내 사라를 누이라고 속였나요?

아브라함의 아내 사라는 미인으로 유명합니다. 창세기 12장에 그녀의 미모와 관련된 에피소드가 등장합니다. 가나안 땅에 기근이 심해 이집트로 잠시 이민해 살아야 했을 때, 아브라함은 아내 사라에게 사람들이 물으면 자신의 누이라고 말하도록 조언합니다. 이렇게 한 이유를 아브라함은 다음과 같이 설명합니다. "그대는 아리따운 여인이라." 이번 장에서는 사라의 미모, 그리고 그것에 얽힌 아브라함의 거짓말에 관해 이야기하려 합니다.

사라의 미모에 관한 언급은 위에 인용한 창세기 12장 11절이 전부이지만, 이후 유대인의 전통에서 사라는 이스라엘 역사를 통틀어 최고의 미녀로 칭송됩니다. 대표적으로 창세기 외경은 사라의 외모를 이렇게 칭송합니다.

> 그녀의 얼굴형이 얼마나 고상하고 아름다운지, 그녀의 머릿결은 얼마나 부드러운지, 그녀의 눈은 얼마나 사랑스럽고, 코는 얼마나 매력적인지 … 그녀의 젖가슴도 뽀얗고 아름답도다. 그녀의 손가락은 가늘고 길도다. 그녀의 발도 얼마나 아름다운가? 신방에 들어가는 그 어떤 신부도 그녀보다 아름답지 못하구나. 세상 어떤 여인들보다 그녀의 미모가 훨씬 뛰어나네.

그런데 사라는 외모만 아름다웠던 것이 아닙니다. 그녀는 누구보다도 지혜롭고 의로운 사람이었습니다. 이것을 단적으로 보여 주는 것이 '누이라고 말하라'는 아브라함의 말에 불평 없이 순종한 것입니다. 아브라함이 사라를 누이로 속인 동기는 칭찬할 만하지 못합니다. 자신의 생명을 보존하기 위해 거짓말을 한 것이기 때문입니다. 이뿐만 아니라, 사라가 이집트 파라오에게 잡혀갔을 때도 아브라함은 근심하거나 염려하는 모습을 보이지 않습니다. 오히려 그는 사라 때문에 많은 부를 누리게 되지요. 창세기 12장 16절을 봅시다.

> 이에 바로가 그로 말미암아 아브람을 후대하므로 아브람이 양과 소와 노비와 암수 나귀와 낙타를 얻었더라.

파라오가 자신의 아내를 빼앗아 갔는데도, 아브라함은 항의하지 않았고, 파라오가 준 선물을 거부하지도 않았습니다!

이런 아브라함의 행동이 일견 잘 이해가 되지 않습니다. 순간 두려움 때문에 거짓말을 했다 하더라도, 아브라함은 진실을 밝힐 기회가 많았을 것입니다. 그러나 그는 파라오가 자신의 아내를 데려가는 순간까지 진실을 말하지 않았고, 오히려 아무 일도 없었다는 듯 몸값을 받습니다. 믿음의 조상의 행위로 보기에는 너무나 부끄러운 행동입니다. 아브라함은 아내보다 자신을 먼저 생각하는 이기주의자, 거짓말쟁이, 불의의 재물을 거부하지 못한 자처럼 보입니다.

물론 성경에 기록되지 않은 다른 상황이 있었을 수 있고, 성경에는 기록되지 않았지만 아내를 빼앗긴 아브라함이 분노하고 항의했을 가능성도 있습니다. 실제로 고대 유대인들은 아브라함이 아내를 빼앗긴 것에 대해 항의했지만, 파라오의 무시무시한 공권력 앞에 좌절했다고 해석합니다. 아울러 그날 밤 아브라함은 하나님께 눈물로 호소했다고도 해석합니다. 심지어 아브라함이 사라를 누이로 말한 것은 거짓말이 아니라고까지 항변하지요. 이 모든 것은 믿음의 조상 아브라함이 그렇게 비겁하게 행동하지 않았을 것이라는 전제에서 나오는 해석입니다.

그러나 성경 본문은 아브라함의 치부를 정직하게 드러냅니다. 그리고 아브라함의 추함을 사라의 아름다운 헌신과 대조시킵니다. 이런 관점에서 아브라함이 기근을 피해 이집트로 내려간 사건을 '난민 생활'의 관점으로 읽는 것이 매우 유익합니다. 낯선 곳에 정착해야 하는 난민들은 그 사회의 가장 밑바닥 인생을 대변하는 경우가 많습니다. 또한 범죄와 착취의 대상이 되기도 쉽습니다. 아브라함이 염려한 부분도 그 부분입니다. 그러나 난민들에게 범죄와 착취보다 더 무서운 것은 굶어 죽는 것입니다. 이 때문에 난민들은 아무도 하려 하지 않는 더럽고 위험하고 고된 일을 마다하지 않지요. 모두 자신과 가족이 낯선 환경에서 살아남기 위함입니다. 아브라함과 사라도 가나안을 떠나 이집트로 건너간 난민들입니다. 가나안 땅에서는 도저히 먹고살 길이 없어 살기 위해 외국 땅 이집트로 이민을 결정한 사람들이지요. 이때 아브라함이 사라에게 거짓말을 명령하는데요, 이것은 사라의 '몸'을 위험에 빠뜨릴 수 있는 명령입니다. 낯선 땅의 남자들이 아름다운 외모의 사라를 무참히 유린할 수 있기 때문입니다. 이 명령을 들은 사라의 심정이 어떠했을까요? 자기 아내 하나 지켜 주지 못하는 남편이 원망스럽지 않았을까요?

하지만 사라는 아무 말 없이 남편의 말에 순종합니다. 자신의 몸을 가족을 위해 기꺼이 위험에 노출시킨 것입니다. 생존을 위한 처절한 몸부림이지요. 이렇듯 기근을 피해 아브라함의 가족이 이집트로 내려간 사건은 낯선 땅에서 자신의 한 몸을 희생하여 가족을 살리려고 한 여인의 이야기입니다. 이런 관점에서 보면, 하나님이 이집트에서 아브라함의 가족을 구원하신 것은 아브라함 때문이 아닌 것 같습니다. 오히려 사라의 아름다운 헌신이 그와 그의 가족을 구한 것은 아닐까요? 이처럼 사라는 외모만 아름다웠던 것이 아니라, 전부가 아름다웠던 여자입니다.

36. 엘리 제사장이 범한 잘못은 무엇이었을까요?

엘리 제사장이 활동한 시대는 사사 시대 말기입니다. 그 시기의 특징을 한마디로 말하면, 모든 사람이 자기 소견대로 행하는 것이었습니다. 즉 하나님의 말씀인 율법이 무시되어 종교적·도덕적 타락이 극에 달한 혼란스러운 시대가 사사 시대 말기였습니다. 이런 사사 시대 말기의 상황을 묘사하는 성경 본문은 사사기의 마지막 다섯 장(삿 17-21장)과 사무엘상의 처음 네 장(삼상 1-4장)인데요, 재미있는 것은 그 이야기들의 주인공이 모두 제사장이라는 사실입니다. 성경은 그 시대가 얼마나 타락했는지를 보여 주기 위해 제사장들의 타락을 이야기하는 것이지요. 제사장은 어떤 사람입니까? 늘 율법을 읽고 공부해서, 가장 신앙의 모범이 되어야 하는 사람 아닙니까? 그런 제사장들조차 율법을 무시하고 자기 소견대로 행했다면 일반 사람들은 말할 필요도 없겠죠.

엘리 가문의 제사장들의 타락도 바로 이런 사사 시대의 말기 현상으로 이해할 수 있습니다. 성경에서 엘리 가문 제사장들의 타락은 크게 두 가지 죄로 구체화되어 있습니다. 하나는 하나님의 제물을 도적질한 것이고 다른 하나는 성전에서 일하는 여인과 동침한 사건입니다. 성경 본문은 이들의 죄를 단순히 도덕적 실수로 간주하지 않고, 하나님에 대한 근본적 반역으로 평가합니다. 엘리 아들들의 간음 사건을 예로 들어 봅시다. 사무엘상 2장 22절에 따르면, 엘리의 아들들이 "회막 문에서 수종 드는 여인들과 동침"했다고 기록합니다. 여기서 "수종 드는 여인"으로 번역된 히브리어는 *쯔브옷*인데, 이것은 하나님의 이름인 *쯔바옷*과 같은 자음으로 된 단어입니다. 이를 통해 성경 저자는 엘리의 아들들이 단순히 일하는 여인들을 범한 것이 아니라 여호와 하나님을 범했음을 알려 주고 있는 것입니다. 이 때문에 하나님은 엘리 가문의 죄에 대해 사무엘에게 이렇게 말씀하셨습니다.

> 그러므로 내가 엘리의 집에 대하여 맹세하기를 엘리 집의 죄악은 제물로나 예물로나 영원히 속죄함을 받지 못하리라(삼상 3:14).

구약에서 제물로 용서받지 못하는 죄는 거의 없습니다. 그러나 하나님의 은혜 자체를 거부하는 죄, 하나님을 모독하는 죄는 제물로도 용서받지 못합니다. 마치 신약에서 다른 모든 죄는 그리스도의 피가 용서하지만 그리스도의 은혜 자체를 거부하는 죄는 용서받지 못하는 것과 같습니다.

이 모든 것에서 엘리 자신도 자유롭지 못합니다. 성경은 다양한 각도에서 엘리 제사장의 잘못을 지적합니다. 이것은 엘리 제사장의 두 가지 신체적 특징으로 구체화됩니다. 하나는 엘리 제사장이 늙어 눈이 점점 어두워져 간다는 것이고, 다른 하나는 엘리 제사장의 몸이 매우 비대했다는 사실입니다. 점점 눈이 어두워져 간다는 것은 영적 분별력이 떨어져 간다는 것을 상징합니다. 실제로 엘리는 사태를 파악하는 영적 감수성이 매우 떨어집니다. 먼저 자식들이 간음한 사실을 다른 사람들이 전해 주는 소문을 듣고야 인지하게 됩니다. 아버지이자 선배 제사장으로서 감독과 관리에 대한 책임이 있음에도 불구하고 아들들이 성전에서 그런 엄청난 죄를 반복하는 것을 가장 늦게 알게 된 것이지요. 또한 성전에서 기도하는 한나를 술 취한 여자로 오인한 것도 그의 분별력이 얼마나 떨어져 있는지를 단적으로 보여 줍니다. 한편, 그의 몸이 비대했다는 사실은 그가 아들들의 도적질에 직간접적으로 참여했음을 암시합니다. 하나님의 제물을 취하는 일에 동참한 것이지요. 사무엘상 2장 29절은 이것을 분명히 말합니다.

> 너희는 어찌하여 내가 내 처소에서 명령한 내 제물과 예물을 밟으며 네 아들들을 나보다 더 중히 여겨 내 백성 이스라엘이

드리는 가장 좋은 것으로 너희들을 살지게 하느냐.

엘리 제사장의 잘못 중 또 하나 빼놓을 수 없는 것이 그의 실패한 교육이지요. 기독교 신앙에서 '교육'은 매우 중요합니다. 하나님에 대한 경외가 한 세대에서 다음 세대로 잘 전수될 때, 기독교 공동체가 번성할 수 있습니다. 반면 신앙 전수가 단절되면 그 공동체는 망하게 됩니다. 사사 시대 말기가 희망이 없었던 이유 가운데 하나는 그런 신앙의 전수가 전혀 이루어지지 않았다는 것입니다. 그것에 대한 단적인 예가 엘리 제사장 가문입니다. 엘리는 자식들의 이름을 지을 때부터 그 이름에 신앙을 담는 일에 실패합니다. 홉니와 비느하스는 모두 이집트식 이름으로, 각각 "올챙이"와 "남부인"이라는 뜻입니다. 당시 유행했던 이집트 문화를 따라 이름을 지었던 것 같습니다. 이것은 사무엘이 아들들의 이름을 요엘, 즉 "여호와가 하나님이시다"로, 아비야, 즉 "여호와가 나의 아버지이시다"라고 지음으로써, 자신의 신앙을 전달했던 것과 크게 대조됩니다. 엘리는 자식들의 잘못이 드러났을 때에도, 그들에게 적절히 훈계하는 일에 실패합니다. 하나님은 사무엘에게 주신 계시에서 엘리가 하나님을 모독한 아들들을 꾸짖지 않았다고 말씀하셨습니다.

이처럼 사사 시대 말기는 제사장들도 하나님의 말씀을 어기고, 재물과 쾌락을 우상으로 섬기게 된 시대입니다. 오늘날의 영적 상황도 사사 시대 말기와 같습니다. 모든 사람이 자기 소견에 옳은 대로 행하는 시대이지요. 주님의 몸 된 교회가 시퍼렇게 멍들고 갈기갈기 찢어져 버린 시대입니다. 서로의 적이 되어

서로를 죽이려 할 뿐, 친구를 위해 목숨을 버리는 의인들을 찾기 힘든 시대입니다. 이런 영적 암흑을 극복하는 첫걸음은 진정으로 '회개'하는 일입니다.

37. 아합 왕은 왜 여호와와 바알을 동시에 섬겼나요?

이스라엘의 역사는 사울-다윗-솔로몬의 통일왕국 시대와 그 후의 분열왕국 시대, 두 부분으로 나뉩니다. 솔로몬의 아들 르호보암 때부터 이스라엘은 남유다와 북이스라엘로 갈라졌습니다. 남유다는 다윗 왕조가 단절 없이 유지되었지만 북이스라엘은 잦은 왕조 교체를 경험합니다. 분열 후 약 50여 년 동안 북이스라엘은 남유다와 잦은 전쟁으로 국력을 소진했습니다. 그러다가 오므리가 왕이 되면서 수도를 사마리아로 옮기고, 본격적인 국가 건설을 시작하는데요. 오므리 왕조는 그 후 100년간 지속되면서, 북이스라엘 역사상 가장 강한 국가를 건설합니다. 아이러니한 것은 오므리 왕조의 전성기를 이끈 왕이 아합 왕이라는 사실입니다. 아합 왕은 당시 초강대국이었던 아시리아의 군대와 싸워 승리하는 업적도 세웠습니다. 그러나 성경에서 아합 왕은 그렇게 좋은 왕으로 평가되지 않습니다. 오히려 그는 북이스라엘에서 가장 나쁜 왕 중에 한 명으로 기억됩니다.

그 이유는 이스라엘에만 있는 독특한 왕의 개념 때문입니다. 하나님이 이스라엘에 왕을 허락하실 때, 새로운 왕의 개념을 만드셨습니다. 바로 '순종하는 왕'입니다. 본래 왕정은 이방의 정치 제도입니다. 메소포타미아에서는 이스라엘에 왕이 생기기 약 2,000년 전부터 왕정을 시행해 왔습니다. 고대 근동에서 왕은 곧 신입니다. 그가 말한 것이 법이고, 그가 의지하는 것이 선입니다. 그는 명령하는 자이지, 절대로 순종하는 자가 아닙니다. 그런데 하나님이 이스라엘 백성 위에 세우시고자 했던 왕은 순종하는 왕입니다. 당시 고대 근동에서 '순종하는 왕'이란 표현은 모순어법처럼 들렸을 것입니다. 마치 예수님 시대에 '죽는 메시아'라고 하는 것처럼 매우 당황스러운 개념이었을 것입니다. 그러나 성경은 하나님이 원하시는 왕이 말씀에 순종하는 왕임을 분명히 밝히고 있습니다.

이것은 남유다와 북이스라엘의 왕들을 평가할 때 그대로 드러납니다. 성경 저자는 국경이 얼마나 넓어졌는지, 경제가 얼마나 발전되었는지의 관점에서 왕을 평가하지 않습니다. 오로지 좋은 왕과 나쁜 왕의 기준은 그가 하나님 말씀에 순종했는지 여부입니다. 이 때문에 성경 저자는 국경을 넓히고 경제를 발전시키고 외적을 성공적으로 무찌른 아합의 업적은 하나도 언급하지 않고, 그의 신앙생활만을 집중적으로 기록하고 있는 것입니다.

아합 시대는 바알 숭배의 전성시대라 할 수 있습니다. 아합의 아내부터 독실한 바알 숭배자였습니다. 그의 아내 이세벨은 본래 바알 숭배의 본산지 시돈의 공주였습니다. 아합에게 시집오면서, 자신이 믿던 바알 신앙을 함께 들여왔습니다. 아합은 아내의 설득에 바알과 아세라 선지자들을 대량으로 왕궁 선지자로 고용하여 국가 운영의 자문단으로 삼았습니다. 반면 여호와의 선지자들을 모두 내쫓았습니다. 이세벨과 달리, 아합은 여호와를 섬기는 사람이었을 것입니다. 그러나 그의 분세는 여호와만을 섬기지 않았다는 것이지요. 그는 여호와와 다른 신들, 즉 바알과 아세라를 동시에 섬겼던 것입니다. 그런데 이것은 다신교적 문화가 지배적이었던 당시 시대상을 고려하면 절대로 부자연스러운 신앙이 아닙니다. 오히려 당시의 기준으로는 여호와만을 섬기라는 유일신적 신앙이 부자연스럽고 독특한 신앙으로 인식되었을 것입니다.

이처럼 여러 신을 함께 섬기는 것이 자연스러운 문화라면 하나의 신을 섬기는 것은 부자연스러울 뿐 아니라 지혜롭지 못한 행동이라고 생각되었을 것입니다. 왜냐하면 당시 사람들은 신들이 각각 잘하는 것, 즉 주특기가 모두 다르다고 생각했습니다. 어떤 신은 비를 내리고, 어떤 신은 출산을 돕고, 어떤 신은 전쟁에서 승리하게 하지요. 삶을 살다 보면, 이런 도움도 필요하고 저런 도움도 필요한데 하나의 신만을 섬기는 것은 어리석은 일일 것입니다. 더구나 바알은 비를 잘 내리기로 이미 검증된 신이고, 아세라도 검증된 출산의 여신입니다. 여호와 신앙을 버리지 않으면서 이들 신도 함께 섬길 수 있다면 그 유혹을 거부하기는 쉽지 않았을 것입니다. 아합의 시대가 바로 그런 시대였습니다. 여호와와 바알을 동시에 섬기는 혼합 신앙의 시대였지요.

그러나 이런 신앙을 엘리야 선지자는 강하게 반대했습니다. 그는 여호와와 바알 사이를 왔다 갔다 하는 이스라엘 사람들에게, "너희가 어느 때까지 두 사이에서 머뭇머뭇 하려느냐 여호와가 만일 하나님이면 그를 따르고 바알이 만일 하나님이면 그를 따를지니라"(왕상 18:21)라고 촉구합니다. 이처럼 엘리야는 하나님만을 섬기도록 촉구했습니다. 오늘날도 혼합주의적 신앙의 위협이 여전히 존재합니다. 더 이상 바알과 아세라를 섬기는 사람들은 없지만 아직도 많은 사람이 그 신들이 상징했던 것들, 즉 재물과 쾌락을 섬기며 살고 있습니다. 그리고 재물과 쾌락에 대한 숭배에는 기독교인도 예외가 아닙니다. 오늘날이야말로 여호와만을 섬기라는 엘리야의 메시지가 절실할 때인 것 같습니다.

38. 점술가 발람은 하나님의 말씀에 순종한 사람인가요?

사해의 남동쪽에 위치한 모압은 아브라함의 조카 롯이 큰딸과 동침하여 낳은 아들의 후손들이 세운 국가였습니다. 민수기 22장에 따르면 모세가 이스라엘 백성을 데리고 가나안으로 진입하기 위해 사해 남동쪽을 지날 때 모압 민족은 이미 왕정 국가로 발전해 있었고, 그때 왕은 발락이었습니다. 당시 모압 왕국은 모압 사람들이 지배계급이고, 미디안 유목민들을 피지배 백성으로 두었을 가능성이 있습니다(미디안은 사해 남서쪽 사막 전역에서 활동한 유목 민족을 통칭하는 말입니다). 따라서 모압 왕 발락이 이스라엘 사람들을 보고 두려워해, 미디안의 장로들에게 의논한 것(민 22:4)도 이런 관점에서 이해할 수 있습니다.

모압 왕은 이스라엘의 큰 무리가 모압 땅의 모든 소산을 먹어 버리고, 심지어 그들의 나라를 빼앗을 것을 염려했습니다. 이에 모세가 모압 평지에 백성들을 집결시켰을 때, 모압 왕 발락은 메소포타미아의 선지자 발람을 고용하여 이스라엘을 저주하기로 결심합니다. 그러나 하나님이 발람에게 나타나 이스라엘을 축복하라고 명령하자 그는 자신을 고용한 모압 왕의 뜻을 어기고 이스라엘을 축복합니다. 그렇다면 고대 전쟁이나 참모진에서 점술가가 가지는 위치와 영향력이 어느 정도였기에 모압 왕은 메소포타미아의 선지자 발람을 고용한 것일까요? 또한 하나님의 말씀을 따라 이스라엘을 축복한 이방 선지자 발람은 참 선지자인가요?

이 질문에 답하기 위해서는 고대 근동의 점술가에 대해서 두 가지를 알고 있어야 합니다. 첫째, 그들은 당시 현대처럼 미신을 설파하는 사람이라기보다는 전문학자라는 이미지를 가졌고, 둘째, 그들이 점술을 하는 궁극적인 목적은 돈이었다는 것입니다. 먼저, 그들이 전문학자라는 내용을 살펴봅시다. 고대 근동에서 점술가들이 학자였다는 사실은 그들이 점을 친 방식과 관계있습니다. 고대 근동의 점술 방식은 직통계시가 아니었습니다. 그들은 신의 뜻이 자연 현상 속에 숨어 있다고, 혹은 인공적 현상을 통해 드러난다고 믿었습니다. 그리고 그들은 점술 문학에 근거해 점을 쳤습니다. 가령, 가장 신뢰받던 점술 방식은 신에게 제물로 드린 동물의 간을 살피는 것이었는데요. 간의 색깔, 반점의 여부, 크기, 부은 정도 등 다양한 상황에 따른 점괘가 정해져 있습니다. 점술가들은 이 다양한 점괘를 문헌에 기록했는데, 이것이 점술 문학입니다. 그리고 이 점술 문학이 가장 발달한 곳이 발람의 고향인 메소포타미아였습니다. 점술가들은 이 점술 문학에 맞추어 점을 쳤는데요, 점술 문학을 읽기 위해서는 어려운 쐐기문자를 익혀야 했습니다. 쐐기문자는 4년 이상의 전문 교육을 받아야 통달할 수 있는 어려운 문자인데, 왕이 직접 후원해 이들을 교육했습니다. 이렇게 쐐기문자와 점술 문학에 통달한 사람들이 점술가로서 왕의 곁에서 일하게 됩니다.

왕은 이런 점술가들에게 국사에 관해 다양한 자문을 구했습니다. 특히 전쟁과 같은 중대사의 경우, 왕은 점술가의 조언 없이 어떤 결정도 내리지 않았습니다. 점술가가 호의적인 조언을 주지 않으면 전쟁에 나가지 않을 정도였으니까요. 이들에 대한 신뢰는 오늘날 과학자에 대한 신뢰와 거의 유사하다고 말할 수 있습니다. 그러나 이들은 왕의 녹을 먹고 사는 사람들이었기 때문에 언제나 왕이 원하는 조언을 제공하는 경향이 있었습니다.

해고될까봐 왕이 싫어하는 이야기는 하지 못하지요. 즉 그들은 돈이 동기가 되어 일하던 사람들입니다. 성경의 선지자들이 자신의 목숨을 버려 가면서까지 하나님의 뜻을 전했던 것과는 사뭇 대조적입니다.

당시 최고의 점술가 발람도 마찬가지였습니다. 발람은 당시 최고의 점술가로, 그의 명성은 당대에 그치지 않았습니다. 그가 죽은 후 500년이 지난 주전 8세기에도 데이르 알라 비문같이 그의 이름을 빌린 점술 문학들이 만들어졌을 정도입니다.

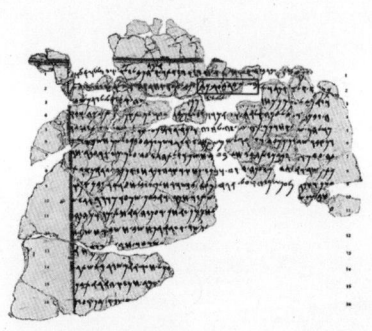

성경을 얼핏 읽으면, 발람이 하나님의 말씀을 전하는 경건한 이방 선지자처럼 보이지만(민 22:18, 38; 23:5, 12; 24:2), 그는 행동의 동기가 돈인 이방 예언자임을 잊어서는 안 됩니다. 다음과 같은 발람의 말에서도 그런 뉘앙스를 읽을 수 있습니다.

> 발락이 그 집에 가득한 은금을 내게 줄지라도 내가 능히 여호와 내 하나님의 말씀을 어겨 덜하거나 더하지 못하겠노라(민 22:18).

위 구절을 읽으면 하나님의 말씀을 가감 없이 전하겠다는 말에 강조가 되어 있는 것 같지만 히브리어 원문을 읽으면 강조점이 "그 집에 가득한 은금을 내게 줄지라도"에 있음을 알 수 있습니다. 그러니까 발람은 자신이 원하는 것을 돌려서 말하고 있는 것입니다. 즉 "그 집에 가득한 은금을 내게 줄지라도"라는 말은 '집에 가득할 만큼의 은금'을 달라는 말이죠. 발람이 당시 고대 근동의 점술가들처럼 학자적 예언가로서 왕과 백성의 신망을 얻은 자임은 분명하지만 결국은 탐욕에 이끌린, 왕의 녹을 먹는 삯꾼에 불과함을 잘 보여 줍니다.

39. 흑인은 저주받은 인종인가요?

기독교인들의 잘못된 상식 가운데 인종의 기원에 관한 것이 하나 있습니다. 창세기 9장 24-27절에 기록된 이야기에 근거한 것인데요. 그 이야기에 따르면 아버지 노아가 술 취해 벌거벗은 채 잠들었을 때 함은 그것을 본 후 말로 떠벌린 반면, 셈과 야벳은 옷으로 아버지 노아의 부끄러움을 가려 주었습니다. 이 때문에 아프리카 사람들의 조상이 되는 함은 노아로부터 다른 형제들의 종이 되도록 저주받았는데, 아프리카 흑인들이 한동안 유럽인들의 노예로 생활한 것은 물론, 현재도 서구 사회에 경제·사회·정치적으로 종속된 것이 바로 그 저주 때문이라는 주장입니다. 반면 아버지의 허물을 감추어 준 셈의 후손인 유대인들은 세계를 '주름잡는' 민족이 되었고, "창대케 될 것"이라고 축복받은 야벳의 후손인 유럽 백인종들도 지금 잘 살고 있다는 것입니다.

이것은 성경 전체의 가르침뿐 아니라 본문의 문학적 의도 그리고 역사적 사실과도 전혀 맞지 않는 이야기이지만, 특정 본문의 문자적 의미를 더 중요시하는 '신실한' 기독교인들에게는 불편하지만 받아들여야 하는 설명처럼 들리는 것 같습니다. 그러나 정말 창세기 9장 24-27절에 기록된 노아의 저주와 축복이 인종의 기원을 설명하는 본문일까요? 정말 하나님은 유색인종보다 백인이나 유대인을 더 사랑하실까요? 결론부터 말하면, 절대 그렇지 않습니다! 노아의 저주와 축복 본문에 근거해 오늘날의 인종적 편견을 정당화하는 것은 그 본문을 크게 곡해하는 것입니다.

함에게서 나온 민족 중 상당수가 지금의 아프리카 대륙에 정착한 민족임에도 불구하고 함에 대한 저주가 흑인 인종에 대한 혐오 본문일 수 없는 이유가 성경 본문 자체에 있습니다. 첫째, 성경 본문은 함의 악행에 대해 최대한 애매한 언어를 사용합니다. 다시 말해 함이 잘못한 것이 구체적으로 무엇인지 분명하지 않습니다. 사람들은 본문에 남겨진 이런 여백을 다양한 추측으로 채우지만, 그 여백은 성경 저자가 의도적으로 남긴 것으로 보입니다. 둘째, 함이 저주의 당사자가 아님을 기억할 필요가 있습니다. 노아는 함을 저주한 것이 아니라 그의 아들이자 가나안 민족의 시조인 '가나안'을 저주합니다. 즉, 엄밀하게 말하면 함은 저주받지 않았습니다. '함의 저주'라는 용어 자체가 잘못된 것이죠. 셋째, 함의 악행에 대한 저주가 특정한 후손, 즉 가나안에게 내려졌다는 사실은 그 저주의 적용 범위가 처음부터 제한적이었음을 보여 줍니다. 함의 후손들에 대한 일괄적이며 포괄적인 저주가 아닙니다. 즉 함의 모든 후손이 저주받은 것은 아닙니다. 오히려 그것은 가나안 민족과 관련된 구속사의 특정 사건을 염두에 둔 저주입니다. 이 논리를 조금 확대하면, 노아의 저주는 심지어 모든 가나안 후손에게 임하는 것도 아님을 알 수 있습니다. 특정 시대의 가나안 후손들이 저주의 대상이라는 이야기입니다. 이 때문에 가나안에 대한 저주를 근거로 현재 팔레스타인에 사는 가나안의 후손들을 폄하하는 것도 성경 본문의 의도가 아닙니다. 이런 해석은 축복의 대상인 셈과 야벳에게도 적용됩니다. 노아의 축복은 모든 셈의 후손과 모든 야벳의 후손에 적용되는 것이 아닙니다.

그러면 노아의 저주는 구속사의 어느 시점에 성취된 것일까요? 이 질문에 대한 답은 성경에서 가나안 사람들이 이스라엘의 주적이라는 사실과 관계있습니다. 특히 노아는 가나안을 저주하면서 세 번이나 "종이 될 것"이라고 말하는데, 여기에는 언어유희가 들어 있습니다. '가나안'의 어근이 되는 *카나*의 사역형 의미는 "정복하다"로, 이 히브리어 동사는 이스라엘이 약속의 땅으로 들어가면서 가나안 백성을 '정복했던' 사건과 자주 연관됩니다(신 9:3; 삿 4:23; 느 9:24). 이것은 노아의 저주가 실현된 구속사적 사건이 이스라엘 백성의 가나안 정복임을 보여 줍니다. 이 가나안 정복 사건은 인류사에서 흔히 있었던 정복 전쟁 중 하나가 아니라, 구속사에서 단 한 번 발생하는 사건입니다. 가나안 사람들에 대한 정복은 최후 심판에 대한 예표적 사건이기도 한데요. 노아가 함의 악행에 대해 당사자가 아닌 '가나안'을 들어 저주한 것은 바로 그것을 통해 이스라엘과 관련된 구속사의 특정 상황을 지칭하기 위함입니다.

창세기의 저자가 모세라면, 이 본문을 처음 읽었던, 혹은 처음 전해 들었던 사람들은 가나안 땅으로 향하던 이스라엘 백성이었을 것입니다. 그들은 가나안 사람들이 기골이 장대한 전사들이라는 정탐꾼들의 보고에 두려워했습니다. 그러나 이 노아의 저주 본문은 그들에게 큰 용기를 주었을 것입니다. 가나안이 그들의 종이 될 것이라는 것이 이미 노아를 통해 예언되었기 때문입니다. 이처럼 함의 후손과 관련된 저주 본문은 특별 구속 언약의 담지자인 이스라엘 공동체의 운영에 관한 본문입니다. 이와 같은 구속사적인 의미를 도외시하고 함의 저주를 흑인의 저주로 연결시키는 것은 성경을 오독하는 것입니다. 하나님은 절대로 피부색을 근거로 사람을 차별하지 않습니다. 모든 사람들은 그리스도 안에서 동등하게 사랑받고 존중되어야 할 존재입니다.

40. 예수님께서 열 므나 비유를 드신 이유는 무엇일까요?

누가복음 19장을 보면 열 므나 비유가 나옵니다. 이 비유는 그 전체적인 줄거리가 마태복음 5장에 나오는 달란트 비유와 유사해서인지 달란트 비유에 비해 그다지 관심을 받지 못하는 것 같습니다. 그래서 독자 여러분 중에는 '므나'라는 단어 자체가 매우 생소한 분도 있을 것입니다. 그러나 이 비유는 몇 가지 점에서 달란트 비유와 다르며, 핵심 메시지 또한 달란트 비유와 차별됩니다. 이번 장에서는 이 열 므나 비유에 대해 알아봅시다.

먼저, 비유의 대강은 이렇습니다. 어떤 귀인이 왕위를 받아 오려고 먼 나라로 가면서 그 종 열을 불러 은화 열 므나를 한 므나씩 나누어 주면서 "그것으로 장사하라"고 명령합니다. 한편 백성은 그 사람이 왕이 되어 돌아오는 것을 싫어해, 사절단을 그 먼 나라로 파견하여 그가 왕이 되지 못하도록 방해 공작을 벌입니다. 그러나 그 귀인은 마침내 왕이 되어 돌아와서 종들을 불러 "내가 준 은화들로 어떻게 장사하였느냐?"라고 묻습니다. 첫째 종과 둘째 종은 열심히 장사해 각각 열 배와 다섯 배의 이윤을 남겼다고 대답하여 왕의 칭찬을 받지만, 셋째 종은 수건에 싸둔 한 므나를 주인에게 그대로 보여 주면서, 주인을 엄한 사람이라고 말하며 불평합니다. 그때 주인은 그에게 주었던 한 므나를 빼앗아 버립니다. 아울러 사절단을 보내어 그의 왕 됨을 방해했던 사람들도 죽입니다.

흥미로운 것은 이 비유의 줄거리가 실제 역사에 근거하고 있다는 사실입니다. 헤롯 대왕이 죽은 후 그의 아들 아르켈라우스가 비유의 귀인처럼 왕권을 인준받기 위해 로마로 먼 길을 떠났습니다. 당시 이스라엘은 로마의 속국이었기 때문에, 유다 왕은 로마의 수도에서 왕위를 인준받아야 했습니다. 한편 유대 백성은 아르켈라우스가 왕 되는 것을 반대하기 위해 로마에 사절단을 보낸 일이 있습니다. 이런 역사적 배경 때문에 당시 사람들은 비유가 말하는 상황을 매우 실감나게 이해했을 것입니다.

자, 이제부터 비유의 주요 요소들을 분석해 봅시다. 먼저 귀인이 종들에게 나누어 준 므나는 당시의 화폐를 말하는데, 1므나는 100드라크마이며 당시 소작농의 3개월치 임금에 해당됩니다. 이것을 오늘날 물가를 감안해 우리나라 돈으로 환산하면 약 600만 원 정도의 돈이라 할 수 있습니다. 모든 것이 고비용화된 오늘날과 달리 당시에는 그 정도 돈이면 어떤 사업이든 충분히 시작할 수 있는 액수였습니다.

그런데 왜 셋째 종은 그것을 수건에 싸두기만 했을까요? 그것은 첫째와 둘째 종이 장사하여 남긴 '이득이 열 배와 다섯 배에 이를 수 있었던 이유와 연관 있습니다. 오늘날 사업은 그렇게까지 이윤이 나기 힘듭니다. 그러나 당시의 사업은 리스크가 매우 컸기 때문에 그 리스크를 감당한 사람은 그만큼 많은 이윤을 남길 수 있는 구조였습니다. 셋째 종은 어떤 리스크도 감당하기 싫었던 것 같습니다. 귀인의 종이나 왕의 종이라는 직위는 원했어도, 그 직위가 요구하는 의무 그리고 그 의무에 따른 위험은 감당하기 싫었던 것이지요. 예수님이 다음과 같이 은행 이야기를 한 것도 같은 맥락입니다. "어찌하여 내 돈을 은행에 맡기지 아니하였느냐?"(눅 19:23) 은행에 돈을 넣는 것도 리스크를 감당하는 것입니다. 오늘날과 같이 예금자 보호법이 있었던 것도 아니고, 당시 은행이라는 것이 말이 좋아서 은행이지 사람 한 명이 운영하는 영세한 경우가 많았기 때문입니다. 그래서 은행에 돈을 맡기는 것은 장사하는 것보다는 작지만 리스크를 떠안는 일이었을 것입니다. 그러나 셋째 종은 그 정도 위험도 떠안기 싫었던 겁니다. 그리고 주인을 엄한 사람, 즉 인색하고 융통성 없는 사람이라고 오해합니다. 이런 오해는 불신앙과 다르지 않습니다. 이 비유에 나타는 주인은 관대하고 은혜로운 분입니다. 어려운 환경에서도 주인의 선하심과 은혜를 신뢰하는 것이 믿음이지요.

이 모든 것은 열 므나 비유의 메시지가 무엇인지에 대한 힌트가 되는데요. 열 므나 비유의 메시지는 그 비유의 첫 구절에 들어 있습니다.

> 그들이 이 말씀을 듣고 있을 때에 비유를 더하여 말씀하시니 이는 자기가 예루살렘에 가까이 오셨고 그들은 하나님의 나라가 당장에 나타날 줄로 생각함이더라(눅 19:11).

즉 열 므나 비유는 예수님이 예루살렘에 입성하고 십자가에 죽으셔도 하나님의 나라가 당장 임하는 것은 아님을 가르치는 것입니다. 제자들은 예수님이 먼 곳에 가셔서 왕권을 확인받고 다시 오실 재림의 날까지 기다려야 합니다. 그 사이에 세상 사람들은 예수님의 왕 됨을 원치 않고 온갖 방해 공작을 벌입니다. 그래서 이 비유처럼 예수님으로부터 '한 므나', 즉 믿음을 선물받은 우리들은 그에 따르는 '일해야 하는' 사명을 받습니다. 즉 '왕의 종'이라는 이름에 걸맞은 삶을 살아야 합니다. 이 삶에는 많은 위험이 따릅니다. 그러나 위험이 클수록 열매도 많다는 사실을 기억해야 합니다. 여러분은 오늘 은혜로우신 예수님을 위해 어떤 투자의 삶을 살고 계십니까? 어느 정도의 리스크를 감당하고 계십니까?

김구원 교수의
구약 꿀팁

Got Questions? ①
Sweet Tips for Reading
the Old Testament
by Professor Koowon Kim

지은이 김구원
펴낸곳 주식회사 홍성사
펴낸이 정애주
국효숙 김의연 박혜란 손상범
송민규 오민택 임영주 차길환

2016. 8. 26. 초판 발행 2024. 3. 15. 2쇄 발행

등록번호 제1-499호 1977. 8. 1.
주소 (04084) 서울시 마포구 양화진4길 3
전화 02) 333-5161   팩스 02) 333-5165   홈페이지 hongsungsa.com
이메일 hsbooks@hongsungsa.com   페이스북 facebook.com/hongsungsa
양화진책방 02) 333-5161

ⓒ 김구원, 2016

• 잘못된 책은 바꿔 드립니다.   • 책값은 뒤표지에 있습니다.

ISBN 978-89-365-1179-1 (03230)